旗舰风范 · 幸福登场

A60

旗舰风范 · 幸福登场

荣耀双双冠王
感恩在重阳

据乘联会信息,1-5月H30 CROSS荣获CROSS车型市场
总销量冠军及增幅冠军

风神CROSS
从容进取 自由人生

程振彪 著

中国汽车可持续发展之路

从大到强

揭示从汽车大国到汽车强国的战略转型之路：
着重调整和优化产品结构，转变发展方式，
抓住机遇，大力发展清洁替代燃料与新能源汽车。

从我国基本国情和面临的宏观环境出发，
为从根本上破解汽车发展面临的制约难题提供解决思路。

机械工业出版社
CHINA MACHINE PRESS

本书在充分肯定中国汽车迄今为止取得巨大成绩和进步的同时，指出了其中存在的一些不容忽视的问题和矛盾，它们主要涉及中国汽车的可持续发展。

从我国基本国情和面临的宏观环境出发，为从根本上破解汽车发展面临的难题，本书提出的中国汽车可持续发展对策和建议的基本思路是：在规模上成为世界第一之后，中国汽车（业）应着重调整和优化产业（产品）结构，转变发展方式，促使汽车市场以平稳速度增长；抓住机遇，大力发展节能和清洁替代燃料与新能源汽车；创新汽车消费（使用）模式，培育积极健康的汽车文化，构建和谐汽车社会，让汽车更好地为我国全面建设小康社会服务。

本书资料信息丰富，分析深刻，文笔犀利，对国家各级政府宏观经济和科研管理等部门、研究机构、汽车传媒，行业、企业管理和研究部门及广大技术人员，以及高等院校汽车专业的师生等都具有较高的阅读和参考、借鉴价值。

图书在版编目（CIP）数据

从大到强：中国汽车可持续发展之路/程振彪著. —北京：机械工业出版社，2012.8
ISBN 978 - 7 - 111 - 39408 - 2

Ⅰ.①从…　Ⅱ.①程…　Ⅲ.①汽车工业 - 经济可持续发展 - 研究 - 中国　Ⅳ.①F426.471

中国版本图书馆 CIP 数据核字（2012）第 186415 号

机械工业出版社（北京市百万庄大街 22 号　邮政编码 100037）
策划编辑：赵海青　责任编辑：赵海青
版式设计：霍永明　责任校对：张　力
封面设计：马精明　责任印制：杨　曦
北京圣夫亚美印刷有限公司印刷
2012 年 10 月第 1 版第 1 次印刷
169mm×239mm · 11.25 印张 · 2 插页 · 148 千字
0001—3000 册
标准书号：ISBN 978 - 7 - 111 - 39408 - 2
定价：35.00 元

凡购本书，如有缺页、倒页、脱页，由本社发行部调换

电话服务　　　　　　　　　　网络服务
社服务中心　:(010)88361066　教材网:http://www.cmpedu.com
销 售 一 部　:(010)68326294　机工官网:http://www.cmpbook.com
销 售 二 部　:(010)88379649　机工官博:http://weibo.com/cmp1952
读者购书热线:(010)88379203　**封面无防伪标均为盗版**

作 者 简 介

　　程振彪，1967 年毕业于中山大学，研究员级高级工程师，享受国务院特殊津贴专家，东风汽车公司科学技术委员会委员，武汉市汽车行业协会副会长，中国汽车工业协会专家委员会成员，历任东风汽车公司科技情报研究所总工程师、东风汽车公司副总工程师。长期以来，程振彪一直致力于国内外汽车技术和产业发展跟踪研究，成果甚丰，已出版专著、译著数十部，共计 900 余万字，先后获国家、部省级等各种奖项及科学技术进步奖 36 个，为东风汽车公司及中国汽车工业的发展作出了贡献，在全国汽车行业乃至机械行业都产生了广泛影响。曾先后被评为十堰市劳模、东风汽车公司劳模，全国科技情报先进工作者，东风汽车公司首批杰出人才，中国汽车工业杰出人物，东风汽车公司建设功勋等。

前　言

　　与欧、美、日等汽车工业发达地区和国家相比，我国汽车工业起步较晚，从 20 世纪 50 年代初创至今，已有 50 余年的历史。在经过一个比较长的艰难成长和曲折磨难时期之后，进入 21 世纪，终于迎来快速发展时代。10 年间，以超过 20% 的年均增长速度快速发展，至 2009 年，按产销量统计，已超过日、美，在世界汽车产销量排行榜上居首位。这表明，经过几代汽车人和全国人民的共同努力，汽车工业成为国民经济支柱产业的目标已经基本实现，国产汽车也能够基本满足民众消费的需求，汽车产业在我国全面建设小康社会的进程中，发挥着越来越大的作用。不仅如此，正如本书所述，中国汽车在数量规模扩大的同时，技术水平、产品质量也在提高，在追赶世界先进水平的进程中，技术进步明显。

　　毫无疑问，对于我国汽车业目前取得的巨大成绩应当充分肯定，但对此也需保持冷静，不能估计过高和盲目乐观。应该认识到，中国汽车迄今为止达成的目标还只是阶段性的，成为世界汽车大国固然可喜，但世界汽车强国才是我们最终的奋斗目标。从现实情况看，我国离世界汽车强国并非如有些人所言仅一步之遥，而是有相当大的差距。与此同时，还应清醒地看到，从我国的长远根本利益看，成为世界独一无二的汽车消费大国，给构建和谐汽车社会及经济社会发展带来巨大挑战，用辩证唯物主义的目光审视，此乃"喜忧参半"。众所周知，无论从产业链关联程度还是从应用空间涉及的角度看，汽车的社会属性极强，关联度高，汽车曾被称为"改变世界的机器"。这也就是说，这架"机器"，若驾驭得当，则可使世界向好的方向发展，但若失当，那么也可能会给社会添"堵"，不利于其更进一步的发展。当前的客观现实是，中国汽车的快速发展，一方面使不少人圆了汽车梦，带动国家消费水平升级，促进了国民经济发展；另一方面，汽车销量超高速增长，大量的汽车每天都要消耗大量不可再生的自然资源（尤其是能源），占用可观的国土（面积与空间），排出的废气污染环境日益加剧，生态破坏令人心痛，许多地区和城市交通拥堵现象严重。此番困局不仅给国计民生造成负面影响，给国家层面的应对能力带来巨大压力和严峻挑战，还使汽车本身固有的使用优越性黯然失色，中国汽车正面临可持续或不可持续发展的重要抉择。

鉴于此，作为汽车业界一位"老兵"，出于责任心及对中国汽车的深厚情结，从对其真"爱"而不是假"爱"的角度出发，近几年一直在孜孜探寻中国汽车由大而强的科学可持续发展之路。笔者研究的基本思路是，中国汽车（业）应以科学发展观为指导，以产销规模逾1800万辆为起始点，加快进行产业结构调整、优化升级，着力转变发展方式，使行业（企业）从过去着重"上量"、"扩容"的粗放发展转向以提高素质为抓手的"重质"发展轨道。由此而引申出的中国汽车可行的可持续发展之策如下：

其一，加强自主创新，加快技术进步，掌控核心技术，实施知识产权战略和质量"兴业"（或"兴企"）战略，全面推进自主品牌创建，大力培育有竞争力和国际知名度的汽车品牌及企业集团，参与国际市场竞争，拓展发展空间。中国汽车面临的客观现实表明，不拥有自主知识产权是一件很痛心的事，就拿我国汽车产量为世界之冠这件事来说，在很大程度上讲也名不副实。从地属原则上讲，是如此（即在哪个地区或国家生产的汽车，无论"出身"如何都计入该地区或国家），但若像国际上有些研究机构是按知识产权归属关系来统计的话，那么我国的汽车生产数量数据就将大打折扣。从此角度看，目前中国的汽车产量仍不能说已真正超过日、美。

其二，积极发展节能和清洁替代燃料与新能源汽车，这不仅是我国

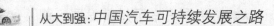
解决能源短缺、治理环境污染进而推动汽车产业可持续发展的需要，还是我国赶超世界汽车先进水平的一个重要机遇，以纯电驱动为主要战略取向，将有利于推动我国汽车产业转型升级，培育新的经济增长点。更安全、更节能的绿色汽车是世界汽车的发展方向，中国发展新能源汽车是顺应时代潮流，大势所趋，也是中国构建和谐汽车社会的重要战略举措之一。

其三，目前，我国汽车化进程加快，在人们享受汽车文明成果的同时，各种矛盾凸显。为消除汽车发展中出现的不利因素，全社会还要转变传统观念，创新汽车消费模式，培育积极、健康的汽车文化，倡导绿色汽车消费，科学、合理、高效、精益地使用汽车，构建和谐汽车社会，使之以平稳速度前行。如此，才能给汽车及其产业的进一步发展拓展更广阔的空间和余地，使之保持长盛不衰。

关于第一点，业界不少专家学者已有专著作了详尽论述，这里不赘述。本书只对第二、三项对策进行深度分析，本着实事求是的治学原则，提出一些切实可行的建议。面对迄今为止中国汽车取得的巨大成就和规模很大的市场局面，国人无不欢欣鼓舞，但高兴之余冷静沉思，汽车行业确实存在不容忽视的隐忧和矛盾。在本著者看来，如今中国汽车产业在国民经济中的支柱地位无人能撼动，如果要说有的话，那么只能是由自身因素引起或（和）汽车社会不和谐而导致的不可持续（的）发展方式。因此，探寻中国汽车由大而强的可持续发展之路，使之永远保持旺盛的活力，是笔者写作此书的唯一目的，也是本人在此行业工作40余年而今仍在为之奋斗的最大心愿。其中如有谬误，恳望批评指正。

程振彪

2012 年 4 月于武汉

目　录

目
录

第 一 章

中国汽车当前发展存在的若干问题与对策

　　时下，虽然全球金融危机的影响还未完全克服，世界经济的复苏依然不够稳定，世界汽车市场从整体看仍然比较疲软，但得益于中央政府经济刺激计划的实施和产业振兴规划的推动，我国汽车产业及市场却是"风景，这边独好"，呈现出一派欣欣向荣的景象。2009年，中国汽车产销量双双突破1300万辆大关，超过日、美而成为世界最大的汽车市场和头号汽车生产国，成绩不可谓不大。然而，在此一片大好形势下，国人（尤其是汽车业界）绝不能盲目乐观，忘乎所以。在增长速度超过40%如此火热的市场面前，应当保持冷静、清醒的头脑，以实事求是的态度，深入分析行业发展存在的不足（甚至是偏差）。情况也的确如此，若以科学发展的目光来审视现阶段中国汽车的发展，则不难发现不少令人忧虑的隐患和风险。例如：上一阶段行业超常规（不寻常）的增速是否意味着已经"过热"；政府实施较长时间的刺激政策会不会"透支"市场需求而使行业产生"泡沫"现象；相关的较长时期延续的刺激计划，其负面影响不可忽视。更值得注意的是，在"唯GDP"思潮的支配下，全国各地均在"大干快上"汽车项目而导致的"产能过剩"愈发突出。

　　诸如上述的此类重大问题，已经引起业界（乃至全国）有识之士的警觉，从本质上讲，这些问题皆关乎中国汽车长远利益和可持续发展。为此，必须从我国基本国情、国家全局和根本利益出发，以科学发展观为指导，综合考虑汽车发展（或发展汽车）涉及的方方面面，给中国汽车规划（设定）一个科学合理的市场规模与增长速度目标。笔者的一个基本（根本）结论是，从今往后，中国汽车发展不要着眼于上"量"，而应着重于"质"。

第一节 "产能过剩"已经显露苗头

一、"造汽车、多造车"成为各方的追逐目标

与过去几次"全国汽车热"相类似，基于当下市场的格外红火，并以此为出发点而对未来市场的发展寄予更高的期盼，由此，许多企业产生了扩大产能的强烈冲动。据有关媒体描述：如今全国各地是"扩建新厂、上马新项目"的一派热闹景象，许多地方均把汽车产业作为重要支柱产业来发展。2006 年，南方某经济发达省省长在地方"两会"上一句"你不搞汽车你笨蛋，谁搞汽车谁的 GDP 就增长得快"的话，如今又被各省区（市）视为"经典"之论。由于极度看好未来汽车市场的发展前景，许多省区（市）开始进行新的汽车产业规划和战略布局，提出了新的产能扩张目标。据称，现今全国有 20 多个省区（市）在搞汽车，有过半数的省区（市）把汽车业作为战略性主导产业来抓。国人对汽车如此热情，跨国公司对其产品在中国市场上的供不应求更是兴奋不已，表示其当前在华的最大问题是产能不足，因此，"扩产保供"是它们眼下最重要的任务，才不管你如何"转变经济发展方式调整产业结构，提高自主创新能力，由汽车大国向汽车强国转变"呢。置身于此情此景，某一新崛起的汽车企业甚至流露出如同 1958 年"大跃进"那样的"精神头"，宣称至 2015 年，计划成为中国第一大汽车企业（而该企业 2008 年的汽车销量还不到 30 万辆），至 2025 年成为世界汽车第一，年销量达到 1000 万辆。若按 2008 年的销量为 30 万辆，要成为世界

第一，则至 2025 年销量至少翻五番（即平均每两年多一些时间就要翻一番），如此快的发展速度，在迄今为止的世界汽车发展史上还从来没有过，但愿该企业做此规划时进行过缜密而科学的思考，而不是仅凭一时的热情和冲动。

二、判断产能是否过剩应把握的要点

关于汽车行业产能是否过剩，业界乃至整个社会争议颇大，虽然汽车行业并未被列入国家要抑制发展的产能过剩的行业名单，但这并不代表汽车行业就不存在"产能过剩"（或者部分过剩、一定程度的过剩）现象，对此的结论应是以客观事实为依据的判断，而非主观臆断。笔者以为，认识或判断汽车行业产能是否过剩，至少要把握两点：一是具体问题具体分析，不可"一概而论"或"以偏概全"；二是对于一个企业（甚至是整个行业）而言，产能过剩与否，一方面取决于当期市场对其产品的需求大小，另一方面则取决于其上产能时对未来市场需求形势判断（预测）的准确性（度）。以下对此分别加以论述。

1. 具体问题具体分析

所谓具体问题具体分析，就是时下在中国汽车市场上，有些品牌或类型的汽车是适应市场需求的，畅销甚至供不应求，也就是人们常说的短线产品，这就不存在什么过剩问题。与之相反，那些适销不对路的长线产品，产量高，产能大，但市场消化不了，自然会形成产品积压、产能过剩现象。从这个角度看，若言汽车行业产能"过剩"，则应准确地说是某企业或某类产品存在过剩。此种现象，汽车行业历来有之，也一直存在。

2. 准确预测未来市场需求至关重要

对市场未来需求情况进行比较准确的认识或预测十分重要，但难度很大。就一个企业而言，其当前销量增长幅度很大（例如高于30%），但若产能得到充分发挥（比如产能利用率达到80%甚至更高），则不能说其现阶段存在产能过剩。但若此企业以近期很高的增长率为参照坐标而预测未来一个时期（例如一年、数年或更长）的市场发展，并以此基准来制订产能扩张计划，那么，此后的时期很可能因市场"时过境迁"导致产能过剩。此种情况，对于一个企业是如此，于整个行业也大体相当。由此可以看出，引发此类企业（或者行业）产能过剩的一个重要原因，是市场信息失灵，企业难以准确预测市场需求，对形势的发展变化把握不准，研究不透彻，使得投资行为具有一定（或很大）的盲目性，在某种程度上，甚至可以说是"决策跟着感觉走"。据一些有深远洞察力的行业专家分析，现今我国汽车行业以很高的速度发展，国人皆大欢喜，殊不知，某种极度繁荣的现象掩盖了一些深层次的矛盾，仔细而冷静地探寻会发现，本行业并未真正按照科学发展观的要求，以转变发展方式和调整产业结构为主线，注重提高增长的质量和效益，而仍主要是"抢速度、比数量"。当下，全国各地显现的"汽车投资热"、"产能扩张热"，大多数相关单位是以眼前的高增长为依据，来判断今后亦可望保持相同或相近的高速度而引发的。相关专家指出，种种迹象表明，未来虽然我国汽车行业依然会保持稳定发展态势，但要想一直维持超过20%（甚至是30%）的增幅则可能性较低（对此，下面的有关段落将专门论述）。由此判断，总体上讲，无论是当期或是未来一段时间，汽车行业确实存在一定的产能过剩，若就某个或某些企业而言，可能此现象已十分严重。

三、汽车行业的确存在产能过剩风险

据2009年底的有关资料和不完全统计，全国有14家主流汽车企业都在扩产，见表1-1国内汽车行业部分企业近期产能提升计划，这些企业2010年的产能逾1700万辆，全行业估计会大大超过2000万辆。若当期年度全国市场的预期销量约为1500万辆，那么产能富余量将超过500万辆，即产能利用率约为75%，这已脱离了该指标的最佳理论值区间，未能充分发挥企业的生产能力以获取最佳经济效益。结合表1-1和行业其他统计资料还可看出，至2012年及之

后，全行业的产能扩张计划更为庞大，将大大超出人们的预想。按照当前全国 12 家主流汽车企业披露的"十二五"计划，它们至 2015 年的产能将达 4000 万辆之多，是现在全球汽车一年总销量 7000 万辆的 57%，若再加上其他企业的产能，则全行业的产能总量会更多，难怪业内外许多人都忧心忡忡："中国真的要那么多车吗？""世界能'消化'掉如此之多的中国汽车吗？"（后面对此有详论）。从这个角度看，汽车行业产能过剩的风险很大。

表 1-1　国内汽车行业部分企业近期产能提升计划

企　业	计 划 要 目
吉利	2009 年 9 月，投资 30 亿元，年产 20 万辆整车、30 万台发动机、30 万套自动变速器的九华生产基地扩产工程如期启动；2010 年的汽车总销量目标为 40 万～50 万辆；2012 年的目标是实现产能超过 200 万辆
陕汽	投资 20 多亿元建设陕西汉中和宝鸡两个微车生产基地，其中，宝鸡基地一期工程占地 1500 亩，二期配套项目占地 3500 亩，一期工程已于 2009 年 6 月开工，计划 2012 年建成投产，年产能为 15 万辆；二期工程建成后，年产能达 30 万辆
力帆	微车工厂正在建设中，项目总投资达 10 亿元，2010 年 9 月正式投产，一期产能 15 万辆，二期产能将达到 30 万辆。与此同时，又投资 18 亿元用于发动机工厂建设，项目在 2010 年完工
长安	2010 年的销量目标为 220 万辆，预计至 2012 年，新增产能 85 万辆，总产能翻一番。2012 年，微车总产能将达到 130 万～150 万甚至 200 万辆
上汽通用五菱	现有产能 150 万辆，东部工厂改造工程已启动，2010 年完工后整车产能将增加 10 万辆，年总产能将达到 100 万辆，包括今后建设的产能将总共达到 200 万辆
比亚迪	在收购湖南三湘客车和现有西安、深圳基地大举扩产后，计划产能两年内将达到 80 万辆
华晨汽车	规划产能 80 万辆，到 2012 年，整车计划销量达到 100 万辆
华晨宝马	二期建设项目计划于 2010 年启动，总产能第一步将增加到 10 万辆，长远计划是逐步增加到 130 万辆
奇瑞	2010 年销量目标为 70 万～90 万辆，2012 年达到 100 万辆
一汽轿车	2008 年 10 月，启动了自主轿车的扩建项目，至 2012 年新增产能 20 万辆
一汽夏利	第三工厂于 2010 年竣工，2011 年正式投产，最终产能为 15 万辆；2012 年计划产销量达到 43 万辆
海马汽车	产能冲刺 45 万辆，海口第三工厂建成后，海南基地年产能将翻番至 30 万辆，产能 15 万辆的郑州第二轿车工厂于 2009 年底投产
江淮汽车	2010 年乘用车销量目标为 30 万辆，商用车 20 万辆，合计 50 万辆；2015 年计划产销汽车 150 万辆

（续）

企　业	计　划　要　目
长城汽车	在建的天津基地规划年产能为 50 万辆，计划 2015 年产销量达到 180 万辆
北汽	投资 50 亿元打造南方基地（湖南株洲），最终形成 20 万辆的年产能，2010 年投产北京牌微客产品。北京现代第一工厂的年产能为 30 万辆，第二工厂一期工程年产能为 20 万辆，二期工程 2010 年完工后，整体产能达到 30 万辆，在建的北京第三工厂规划产能为 30 万辆。北京现代的总产能将达到 90 万辆，若加班加点，则完全可以达到百万辆甚至更多。北汽福田密云多功能车产能为 20 万辆，欧曼重卡二工厂产能为 8 万辆

注：此表系笔者根据有关资料整理而成。

业内一位人士尖锐地指出，当大家都在疯狂做同一件事情的时候，这其中必然隐含风险。行业的客观现实也证明了这一论断。例如，长江中下游地区某省一个目前以商用车为主的企业，因为最近大肆扩产"铺摊子"而深受其害，加剧了其现金流短缺的窘迫。据称，2009 年该公司的产能利用率只有 50%。该年度的上半年还处于大幅度亏损状态（详见 2010 年 1 月 5 日《21 世纪经济报道》）。

据有关报刊载文分析，我国新一轮汽车投资热的扩产，主要集中于乘用车、微车和新能源汽车三个领域，尤其是微车。为了不错失国家扶持汽车下乡等政策所带来的商机，除了现有的微车企业积极扩产外，原来没有微车产品的企业也都竞相涉足，包括广汽、陕汽、奇瑞、海马、吉利、力帆等，皆公布了各自发展微车的计划。据不完全统计，目前全国微车形成和正在建设的生产能力至少达到 700 万辆。而近期的年需求量实际只有 300 万辆左右，产能富余一倍多。谁都知道，当下微车市场火爆，在很大程度上是政策拉动所致，一旦国家政策有所调整，市场如何发展则很难预料，存在很大风险。此外，基于国家将大力支持战略性新兴产业发展（而新能源汽车又被划入此类产业范畴），几乎所有一线生产企业均公布了其新能源汽车发展规划。据称，2011 年，这些企业的计划产能都大大超过国家规划的 50 万辆。另据最新消息称，许多载货汽车企业也加入了当前全国汽车行业的扩产之风，老企业忙着提升产能，新秀企业则快马加鞭地建设新工厂。如此一来，载货汽车产能过剩也令人担忧。新一轮的投资热不仅表现在整车领域，还很自然地扩展到汽车零部件行业。近期，全国各地纷纷开建（或筹建）汽车零部件产业园，甚至包括像银川、江门、惠州、内江等这些汽车工业基础相对薄弱的地区。据粗略统计，全国大、中、小城市拟建的汽车零部件生产基地超过 30 个。有关人士指出，如此多的新建汽车零部件生产基地能否发挥其应有的作用，不免让人生疑。

在当前这股"汽车热"中，还有一件事着实让人匪夷所思，就是国内一些车企趁机"跑马圈地"。据称，2010 年初，华泰汽车启动了鄂尔多斯项目（名目上，是未来将生产汽车 50 万辆，发动机 100 万台），当地政府批给华泰工业园用地 6000 多亩，加上其在云南曲靖、湖南宁乡等地的投资，所占土地估计有数万亩。与华泰相似，吉利在兰州购得大片工业用地，比亚迪在西安开建第二工厂，征用土地数量也甚可观。奇瑞更是北上大连，东入中原，均已获批大片用地。最近，奇瑞要在鄂尔多斯投资 200 亿元、建设新基地的事也在谋划之中，据称，当地政府已为之预留了大片土地。业内外有不少人士对此大惑不解："难道鄂尔多斯对于汽车业而言，投资环境就真那样好而让众多厂家趋之若鹜？"

针对我国当前的汽车投资热和与之相对应的产能过剩苗头，自 2009 年第 3 季度以来，国家相关主管部门尤其是发改委有关人士就不断指出，汽车行业要注意防止产能过剩问题，2009 年度汽车行业的产能利用率（80% 左右）比较合理，2012 年及以后，产能可能会大大高于市场需求。如不及时加以调控和引导，未来几年产能利用率将出现下滑态势，严峻的情况下，行业平均产能利用率也可能低于 70%，从而出现产能较严重的过剩局面。国外媒体研究中国问题的相关人士也指出，由于各个汽车厂家都竞相扩大产能，中国的汽车产业迟早会像钢铁和家电等行业那样，出现产能过剩问题（详见 2009 年 11 月 11 日《参考消息》）。综上所述，提出汽车行业产能过剩及其风险性问题，并非如有些人所言是伪命题，而是真知灼见（或者说具有一定的远见），值得业界和中央及各地政府有关部门三思，切莫铸成历史性大错。

第二节 廓清在"小排量"车上的认识误区

一、排量大小不是决定汽车节能减排性能的唯一因素

现今阶段，国家以财税政策为杠杆，来引导汽车消费市场的发展方向，鼓励使用"小排量"车是正确的。于普通民众而言，基于常识，其所了解的"小排量"车的概念，一般系指体积（尺寸）较小、油耗较低、排放较少等。但实际上，在我国当前的具体情况下（例如"小排量"车的技术水平与国外先进水平相比，还有很大差距等），并非完全如此。汽车是由（很）专业的人设计、制造出来的，专业性很强，一般人很难了解得深入和全面。从专业的角度看，笼统地说"小排量"车节能减排效果就好并不十分科学和符合实际，由此，进一步发展成仅仅按发动机排量大小来制定汽车消费优惠政策还是显得太粗放，针对性不够强，有一定的"漏洞"，虽然相对于不去限制"大排量"车发展这种状况是一大进步。因此，政策实施的最后结果，有可能违背其制定者的初衷。真理与谬误并非差之千里，如果把真理说过了头，则其可能会变成谬误。

二、我国"小排量"汽车产品与节能减排要求有差距

拥有一定汽车专业知识的人都知道，决定或评价汽车节能减排性能优劣，并非只看发动机排量，而主要取决于车辆的综合性能，尤其是发动机的升功率（主要指其是否高效工作）、燃油经济性（即油耗指标）、尾气排放等。目前，我国自己设计生产的"小排量"（小型）车在这些指标上，与国际先进水平相比差距很大。国内各厂家之间此类产品的综合性能（尤其是节能减排）也参差不齐，车市上所出售的排量虽小但油耗、环保指标均不及排量稍大一些车型的现象比比皆是。有些地区（城市），当前尽管"小排量"（小

型）车大行其道，但并未收到较明显的节能减排效果。据有关专业期刊载文分析，自我国《乘用车燃料消耗量限值标准》实施以来，虽然也促使我国乘用车油耗呈下降趋势，同期也制定了明确的排放法规及实施期限，但在各地区具体的执行过程中，往往不够严格，厂家的生产一致性很差（即送检产品与生产线大批量生产之产品节能减排指标不一致），从而导致车辆的节能减排指标大打折扣。有关专业人士更明确指出，业界很少有人注意到这样一个问题，"小排量"车的燃油经济性并不见得都是好的，其排放的有害污染物和温室气体也不都是最少的，我国目前一些小排量乘用车的节能减排性能并不好。可以说，这个问题现在还是业界的一个认识盲区。人们应走出"低碳汽车"的理解误区，排量和油耗之间虽然有关联，但在某种程度上并没有必然联系，有些汽车排量虽小，但油耗并不少，排放也不低。

三、"小排量"车有其最佳适用范围

笔者还认为，除了上述有关专家所指出的对"小排量"（小型）车这个认识盲区外，还有另外一种认识误区，即不分应用对象和具体情况，认为"小排量"（小型）车在任何使用情况下都是好的或合理的。实际上，尽管在一般情况下使用"小排量"（小型）车是经济的（合算的）、合理的，但毕竟有一定的适用限度。就一个地区（城市）乃至一个国家，也不是说在整个投入运营的汽车中，"小排量"（小型）车越多越好，这绝不是故意"抬杠"，而是符合科学的辩证法（或者说符合科学规律）。通常，"小排量"（小型）车（有三四个座位）特别适合作为个人上下班或路途不很遥远的代步工具。但若一家人（例如有五个人）去远足或行驶距离较长，那么乘一辆"小排量"（小型）车就不合适或根本坐不下。在此情况下，要么一家人开两辆"小排量"（小型）车要么共同乘坐大一点、有五个座位的车。很明显，若一家人开两辆"小排量"（小型）车前往，无论从哪个角度看，都没有全家共用一辆较大一些的车经济合算。因

为开两辆车（尽管是"小排量"车）于个人（家庭）而言，要使用更多的燃油，支付更多的相关费用；于社会而言，制造两辆车，需要更多的原材料（包括能源），排放的有害尾气也更多，占用的道路空间和停车位置也更大。由此推论，一个城市（地区）乃至一个国家，若把所有的私人乘用车都换成"小排量"（小型）车，则交通拥堵、能源短缺、环境污染等约束汽车增长的因素（或矛盾）只会更加突出（或尖锐）而不会得到缓解。

四、科学、辩证地对待"小排量"车

基于上述论述，业界乃至整个社会，应科学、辩证地认识和对待"小排量"（小型）车。唯如此，才能更好发挥有关政策的引导作用，提高汽车产业较好较快发展的质量和效益。为此，笔者有以下建议。

第一，在政府的有关文件和领导的重要讲话中，凡涉及"小排量"汽车的，其前面均应加上相关的修饰词，即明确无误地指出，国家支持发展的是安全、节能、环保、高效的小排量（小型）汽车，以免有人钻政策的"空子"。同时，媒体也应在引导舆论方面发挥作用，使普通民众一提到国家鼓励的"小排量"（小型）车，就自然（自动）认知为安全、节能、环保、高效的小型车。

第二，今后，如果国家继续对"小排量"车实施有关税费方面的优惠政策，或出台相类似的政策措施，那么，应在政策措施设计的精细（准）化上下工夫，尽量避免笼统、粗放或简单化的做法，着力提高政策措施的针对性、科学性、精确性和有效性。例如，有关专家建议，未来我国可根据汽车产品的不同燃油消耗水平，课以不同的税赋，采取有奖有罚的措施，以代替目前比较单一的仅按排量计算的税费政策。有关人士更进一步指出，我国的汽车产品节能环保政策，应像欧盟那样，逐步转到以碳排放量为主要考核指标之一的方向上去……仅按发动机排量收缴消费税确实欠公平。笔者认为，虽然国家按照上述建议去做增加了操作难度，但再难也得坚持，因为国家的政策不是为政策而政策，是借助于政策而达到节能减排效果。

第三，国家宏观管理机构，各省区（市）政府交通、城市规划等部门，在对汽车（例如乘用车）总的投入量进行规划时，应对各类不同汽车按其尺寸大小、排量不同，在比例上有一个科学合理的分布控制。笔者的研究结论是，对于一个城市乃至国家，"小排量"（小型）车需要大力提倡使用，但绝非越多越好，而是在一定比例的情况下才显示出其突出的优越性。

第三节　以合理的市场规模增速发展

本书所指汽车发展既包括汽车工业本身又包含汽车的使用与普及（有人也将之称为汽车化）。从字面上看，未来汽车工业自身发展速度与汽车使用和普及的空间（容量）并不是一回事，但如今，由于我国汽车产销量已突破 1000 万辆大关，达到 1800 多万辆，其中，绝大多数又只在国内销售（出口量很低）。因此，也使得我国汽车普及（汽车化）速度空前加快，在许多城市和地区，人们已切身感受到了汽车（尤指乘用车）普及浪潮扑面而来，围绕于此的一系列问题接踵而至，深刻影响着人们的生活。正如前面有关段落已提及的那样，在我国，汽车发展（或发展汽车）并非单纯的经济问题，而是已成为社会问题，甚至是一个复杂的社会问题。这也就是说，汽车发展（或发展汽车）速度问题不仅仅取决于经济发展速度，而且在很大程度上也取于社会发展速度和程度，取决于我国固有的客观条件（例如相对于天文数字的众多人口而言较狭窄的可供利用的国土空间等等），未来社会到底能容纳多少汽车（即我国未来社会汽车普及率的最高值是多大）。这也意味着，人们在讨论中国汽车工业未来发展速度的时候，就不能不涉及我国汽车使用与普及的最大容量（空间）问题，而这又与中国的总体国情和社会发展的整体状况密不可分。

《环球时报》2009 年 12 月 10 日的一篇社评写道，想想在 20 年前许多中国人还为坐一次小轿车而激动好几天的情景，家家都有汽车，实在是一件令人向往的美事。但如今随着汽车数量的急剧增加，诸多意想不到的烦恼事一个接着一个，让所有中国家庭都能享受到拥有私家车的乐趣，就不再是一道简单的算术题了。汽车在许多国家可以成为家庭甚至人人拥有的代步工具，但在中国，却有可能成为一个发展的陷阱。当成千上万个家庭在热烈讨论该买一辆什么车的时候，汽车实际上就成了一个关系到国家发展长远战略的大问题。由此可见，给我国汽车未来发展（或发展汽车）设计（规划、界定或描述）一个大致的、科学合理的速度与空间（容量），意义重大，十分必要，同时，也是非常迫切的。以下段落将对有关问题加以较详尽的讨论。

一、对中国汽车未来发展前景（速度或容量）**的各种预测**

面对当下汽车行业的一片"大好形势"和置身于空前的乐观氛围中，业内外不少人从各自的经验（历）、理论（理由）出发，对我国汽车未来发展前景（主要指速度或容量）作出了各种各样的预测。可谓仁者见仁，智者见智矣！

1. 较高和很高的预测或期待（值）

（1）参照国际汽车普及进程规律进行的预测

2009 年第 30 期的《汽车情报》（卷）首页刊登署名文章称，从 2010 年开始，中国将进入从千人 20 辆到千人 100 辆的发展区间，比照国际规律，应该会维持一个比较快的发展速度……金融危机过后，中国还将保持 10 年以上的增长。

在这里，该文的作者未给出此预测的具体依据，唯一的根据是参照发达国家的汽车普及进程规律。此外，作者亦未确切指出 10% 以上的增速是汽车产量还是销量。我们假设其指销量增速为 10%，那么按照统计学相关的几何级数增量计算公式，且取 2009 年的销量值为 1300 万辆，至 2020 年我国的汽车销量应是 3700 万辆（为约值，以下的有关计算与此相同）。在美国占据世界汽车消费最大国家位置时，正常年景下，其年销量占世界市场总规模的比例接近四分之一（约为24%），而中国2009年取代美国成为世界最大汽车市场时，占世界市场总规模的比例接近五分之一（约为19%）。按照前些年国外有关研究机构的预测，至2020年，世界汽车市场总规模（即销售量）为1.5亿辆左右。若我国汽车销量按上述的超过10%的年均增速高预测方案，年均增速取15%计算，则2020年我国的汽车销量约为6000万辆，中国将占2020年世界市场总规模的40%。若按国家信息中心一位人士的说法，我国汽车产销量年均增长20%的速度还可以维持10年，那么至2020年，产销量就是9659万辆（取2009年的产销量数据为1300万辆来计算），即约占那时世界汽车市场总规模的64%，这也就是说，世界每卖出三辆车，其中有两辆是中国消费的。很显然，作此预测太"离谱"。

较之国家信息中心人士所作预测内容更具体一些的，是一位叫普利斯科特的美国学者（此人是诺贝尔经济学奖获得者，现任美联储顾问）。他在2010年9月16—17日成都全球汽车论坛上演讲称，至2030年，中国汽车人均保有量会达到10人里面有8辆；同时，到那时，中国汽车的年产销量将达到7500万辆（见2010年9月21日的《东风汽车报》）。按照普氏的说法，假设2030年中国的总人口控制在15亿，则中国的汽车总保有量就是12亿辆！中国拥有这么多汽车是个什么概念呢？就是把比现今全世界总拥有量还多的汽车都放到中国的那种情况！而中国一年将要生产7500万辆汽车又是什么概念呢？众所周知，最近几年，正常年景下，全球的汽车年产量一般是不到或接近7000万辆，2009年只有6000余万辆，这就意味着，中国那时的汽车年产量比现在全世界的年产量还要多！由此来看，不管普氏是有意还是无意，此种说法无异于是想把中国放到"火炉"上"烤"。

（2）主要基于未来市场对汽车需求强劲的原因而进行的预测

《中国汽车报》2010年11月2日的"社长对话"栏目刊载了该

报社长与国内某大型汽车企业主要领导人的谈话。该企业主要领导人称，据其判断，中国汽车产业肯定会有较长期高速增长，道理很简单，消费需求决定着汽车产业发展……他预测，2020 年中国汽车产量可达 4000 万辆（其中有 1000 万辆的外销）……目前，大家担心能源、碳排放和道路拥挤等三个问题会阻碍汽车产业发展……他认为，低碳问题是一个紧迫的问题，但是可以解决。再说道路问题，这其实是一个伪命题……关于能源问题，太阳是所有能源的源泉，只要有太阳，就不用为能源发愁。

在此，该企业领导人同样未列举出具体的作此预测有力的理论及事实根据，只不过指出了众所周知的消费需求是汽车发展的最根本力量（关于此，以下的有关段落还要加以讨论）。

按照该领导预测 2020 年中国的汽车总产量将达到 4000 万辆，销售量达到 3000 万辆，若取 2009 年的产销量数据为 1300 万辆，那么在此时期（2010 ~ 2020 年），汽车产量的年均增长速度约为 10.8%，销量年均增速约为 7.9%。

（3）比照日本和德国的情况而预测

2009 年第 8 期的《武汉汽车信息》刊登了一篇名为"对于未来中国汽车市场容量的预测"的文章，2009 年第 10 期的《天津汽车》刊载了"中日汽车工业的发展变化比较"的文章。此两文提出的主要理论，是一国汽车市场的最终规模取决于人口、国土面积、人口密度等。据此，此两文比照日本和德国的千人汽车拥有量和每平方公里汽车拥有量计算出中国的汽车市场最终规模（即年销量），应是 7000 万辆（比照日本）或 5000 万辆（比照德国），比照日本的情况，最终的汽车保有量为 18 亿辆。据国际有关研究机构的预测，至 2020 年，全球汽车总保有量约为 15 亿辆，2030 年约为 20 亿辆。如果按照上述两文作出的预测，中国到那时的汽车总保有量将超过 10 亿辆，乃至达到 18 亿辆，则就意味着将来世界上的所有汽车都在中国，或者说中国平均每一个人都拥有一辆甚至多辆汽车，这比美国更"奢侈"。由此可见，作此预测犹如"天方夜谭"。

2. 较为谨慎的预测

（1）汽车工程学会领导的预测

据 2009 年 7 月 28 日的《中国汽车报》报道，中国机械工业联合会执行副会长、中国汽车工程学会理事长张小虞在一个论坛上指出，中国汽车业由大到强的第二阶段，是利用 10 年左右的时间实现稳步发展，达到汽车产业强国目标，到 2020 年产量达到 2000 万辆。在这里，我们假若取 2009 年的产量数据 1300 万辆，那么计算出来的年均增速就是 4% 左右。另外，张会长发表于 2009 年 10 月 1 日《中国汽车报》的文章亦称，2020 年我国汽车产量将超过 2000 万辆（较上述讲话其对预测值有所提高），保有量达到 1.5 亿辆，人均保（或拥）有量接近（现今的）世界平均水平（到那时，假设全国人口约为 15 亿，则每千人拥有汽车 100 辆左右——程振彪注）。在此，若取我国 2009 年的汽车保有量总数为 7500 万辆，则至 2020 年汽车保有量的年均增速约为 6.5%（即在现有的基础上增加一倍左右）。

（2）社会人士的预测

据 2009 年 10 月 23 日的《东风汽车报》载文称，（中国）汽车评论人张志勇认为，千万辆（级）对本土企业来说，危机大于机遇，理由很简单，随着市场发展到一定规模之后，增量将越来越小……张志勇坚持认为，中国车市的最大容量只能是 2000 万辆（指年产销规模——程振彪注）。

3. 国外有关机构的预测（属于比较谨慎的预测）

（1）德国机构

据 2009 年 11 月 21 日《中国汽车报》刊文，德国汉堡世界经济研究所和贝伦贝格银行发布的研究报告称，预计中国 2020 年每千人汽车拥有量约为 115 辆（这与张小虞会长的预测数字大致相当——程振彪注）；到 2030 年，中国的汽车保有量约为 1.75 亿辆（计算时，假如取 2009 年中国的汽车保有量约为 7500 万辆，则 2010 ~ 2030 年间汽车保有量的年均增速约为 4.1%——程振彪注）。

（2）瑞士机构

瑞士圣加仑马理克管理中心 2009 年 10 月的研究报告较详细地分析了中国汽车市场的发展状况，并对未来中国汽车的发展进行了预测。该报告认为，中国的汽车市场起始于一个全新的时代——整个时代已经发展到今天。这不仅包括人们所享受到各种益处，同时还包括发展所带来的负面影响，如环境恶化等。基于这样的思考，中国的汽车市场正在经历着几十年前西方汽车市场完全不同的不断变化的内外部环境。尽管如此，中国汽车市场仍将在未来经历巨大的增长而达到它的饱和阶段。中国汽车市场最大容量将定格在 3 亿辆（即最大的汽车总保有量），这意味着每千人拥有 200 辆汽车（此预测是以 2030 年前后中国总人口控制在 15 亿人的水平上为前提，中国的该普及率接近达到现今世界汽车普及率的两倍——程振彪注），这将大大低于西方国家的成熟阶段每千人拥有多达 600～700 辆汽车的极高保有密度。

该研究报告分析称，有许多因素将使中国汽车极快的发展态势逐渐趋向平稳（或平缓），敏感度分析模型说明了这些。在此模型中，虽然经济发展和个人收入将进一步增长并成为"市场需求"的主要驱动因素，但还是有很多其他因素将促进系统（趋于）稳定。其中，关键因素是"公共交通"和"城市规划的效率"。报告以为这两个因素将使汽车增长更少地依赖于私人交通方式。另一个可能的稳定因素是，由"环境恶化"加剧所引起的（不得不采取的）"政府限制措施"。

二、决定（或影响）我国汽车未来发展的主要因素

1. 根本的理论认识

以下讨论我国汽车未来发展，主要指汽车市场规模及汽车使用普及程度的变化情况，基本上不涉及汽车（制造）工业。对于汽车强国（诸如日本、德国等）而言，国内汽车产量的扩张并非仅仅受限于国内的条件（或环境），因为这一类国家的汽车出口率都很

高（40%以上），国际市场为其汽车产业的发展提供了额外的（更大）空间。而我国目前的汽车出口数量还很少，对汽车产业发展的推动微不足道，汽车产量的增减变化还主要取决于国内的相关因素。

前面已提及，汽车（消费或使用）问题不单单是经济问题，而是一个关联到国家方方面面综合性复杂问题。决定（或影响）我国汽车未来发展的主要因素，也多是国家在发展中所面对的重要问题。因此，我国未来汽车发展的速度与空间（容量），是这些因素相互作用、平衡、协调甚至妥协（综合）的结果。

推动我国汽车未来发展的主要力量，毫无疑问是经济发展（增长）和市场消费需求。人们的生活改善了，衣、食、住等问题解决之后，必然想到要解决"行"的问题。当然，对于每一个家庭（或个人）而言，"行"不一定非得要选择私人汽车，但其毕竟是一个最重要的选项之一。在前面已介绍过的对我国未来汽车发展所作的较高预测值之诸方案中，几乎所有的预测都参照了国外一些发达国家的某些经济发展规律，就是当轿车售价与该国人均国民收入之比（即所谓的 R）达到某种程度时（例如 3 左右），轿车开始（较）大量进入家庭。在这里，笔者并不反对有关研究者以此规律（如果能称得上规律的话）作参照而推断我国的情况，但需要考虑的是，此由某些外国经济学家总结出来的规律性的东西，主要是基于几十年（乃至百年）前相关国家的情况。现今我国面临的国内外大环境（以下段落将论及）已与之完全不同，因此，在进行相关研究时，应主要从我国的实际情况出发，不可盲目套用该"规律"。与此同理，以西方发达国家的汽车普及率为参照坐标去预测我国未来的该指标，也应持谨慎态度，最重要的不是看别人怎样怎样，而主要是看我们自己的情况怎样。

从当今时代看，影响我国汽车未来发展的重大（要）因素，有国际大环境、基本国情以及与汽车直接相关的能源、环保形势和交通拥堵等。

2. 国际大环境

当今，时光已驶入 21 世纪初叶，我们所处的时代与美、欧、日等国家（地区）快速发展经济时期已大不相同。其中的一个明显不同，就是这些国家和地区发展汽车的黄金时间已过去半个世纪。当年，它们发展汽车的环境和条件是何等的优越，在 20 世纪 90 年代之前，人们甚至不知"能源危机"为何事，即使在 70 年代及此后世界也曾发生过几次所谓的"石油危机"，但那多是由政治因素造成的。其时，虽然也有环境污染，但并没有造成过分严重的危害，世人对此的关注度也不高。而如今，由于传统工业发达国家经济发展长期的排放积累和发展中国家加快发展带来的新污染，使在整个世界范围内环境恶化、生态脆弱，因气候变暖而极端天气频现。在我们这个星球上，奇冷和奇热、忽冷与忽热、干旱和洪涝在不同地区和时段交替发生，已成为司空见惯的事，就连年岁不大的人，也深刻地感觉到了气候的异常变化。

据有关研究资料称，目前，地球大气中温室气体（CO_2）浓度是 83 万年以来的最大值，20 世纪是过去 2000 年来天气最暖的 100 年。这是包括中国在内的所有在地球上居住的世界大家庭成员不得不面对的现实。向低碳经济转型，是今后市场经济环境下社会发展的必然潮流。在以抑制全球气候温室效应急剧扩大为主旨的哥本哈根气候大会召开前夕，我国政府郑重宣布，单位 GDP 二氧化碳排放量到 2020 年将在 2005 年的基础上下降 40%～45%。这再清楚不过地表明，我国当代的发展与国外传统工业发达国家（地区）很不一般，因为后者走完了其从数量到质量再到低碳和绿色生态的发展道路，而我国当今则要把这三步变成（或并作）一步走，或者三步同时走，因此可想而知，这有多艰难。我国所面临的形势和问题比世界上很多国家都严峻，也超出我们自己原本的预想。这就是摆在未来时期中国汽车发展道路上的客观现实。于此，作为中华民族的一分子，既不能抱怨自己"生不逢时"，也绝不会屈服于任何人的压力而放弃追求美好生活的发展事业。我们选择不同于别人的发展道路，不仅是为了承担一个负责任大国的义务，更重要的是为了造福于自身和子孙后代。在此意义上讲，我们当前转变经济发展方式已刻不容缓，因为迄今为止的、正在采取的方式，是一条资源环境难以支撑的"负重之路"。中国的人均资源、能源拥有量远低于世界平均水平（以下还将较详尽论述），但消耗量却远远高于世界平均水平。这种"暴饮暴食"型的粗放发展方式，不仅中国的国情不允许，全球的资源容量也难以承受。现时阶段，我们是以历史上最脆弱的生态环境，负担历史上规模最大的经济活动。照原路继续走下去，不仅会成为制约经济发展的瓶颈，还不利于中国对环保这一人类共同责任的主动担当。

3. 基本国情

说到中国，过去有一句话，叫做"地大物博"。其实，如果考虑到有 13 亿人口，则中国的这一优势并不明显。据国家科技部一位领导近期的讲话称：我国在经济快速增长、各项建设取得巨大成就的同时，也付出了巨大资源和环境代价，人口与资源、环境的矛盾更加突出；目前，我国人均耕地（1.4 亩）、淡水、森林仅约占世界平均水平的 32%、25% 和 12.8%，尤其是我国是世界上严重缺水的国家之一，最新的国际研究表明，至 2030 年，我国将达到世界缺水警戒线；石油、铁矿石等资源（储量）的人均拥有量也明显低于世界水平，天然气人均拥有量约为世界平均水平的 4%……据测算，我国到 2030 年人口将达到 15 亿～16 亿人的峰值，人口老龄化问题凸显。

从经济总量（即按 GDP 计算）上讲，我国虽然已是世界经济大国（为世界第二大经济体），但人均国民收入在世界排序中依然列百位之后，处于中下位置，还有上千万人口没有真正解决温饱问题。若按照联合国标准，中国尚有 1.5 亿人生活在贫困线以下。从整体上讲，我国依然贫穷落后于西方富国数十年，尤其是环境保护、民生保障体系方面落后得更多。这一现实状况，也基本符合国家及党中央有关的纲领性文件关于"中国在相当长的时期内都将处于社会主义初期阶段，是一个发展中国家"的论述。

从以上介绍的有关对我国汽车未来发展速度与容量作出高（或较高）预测值的各种研究中，笔者发现这些研究者多是以我国千人汽车拥有量和国外发达国家（例如德、日等）相比还很低为理论根据的（或者为其理论根据之一）。然而，他们并未对我国的基本国情作更深入的探究。从表面看，我国有 960 余万 km^2 的面积，不可谓不大，且汽车的总保有量今日还仅约为 1 亿辆。但以简单的算术法计算出的千人汽车拥有量和每平方公里汽车拥有量的结果，却与我们自身实际的感受（或主观感觉）大相径庭。换一句话说，就是按照上述的算术法计算，无论是以千人拥有量还是单位面积拥有量而论，我国的汽车普及率都很低，理应还有很大的空间和潜力容纳汽车，但实际上，如今在许多地方，人们已感到处处是汽车的拥挤，空间变得相当狭窄了。构成两者巨大差别的主要原因有二：一是 13亿人口是个天文数字，它除以任何数，其结果都变小；二是我国名义国土面积是很大，但若减去广阔的山脉、高原、丘陵、沙漠等不毛之地，则可利用土地面积仅约是美国的十分之一，土地可利用比例不仅低于世界平均水平，甚至低于日本。另据有关资料称，我国城市道路的建设空间受到资源条件的约束，只有 10% ~ 15% 的城市空间可以用于交通建设。

从地理位置上看，我国的劣势也很明显。据国外有关学者认为，由纯粹的地理学角度观察，像中国和印度这样的国家，比其他传统工业发达国家（地区）更易受气候变暖的影响，全球平均温度每上升 2℃，就会面临巨大的洪灾、旱灾和雪灾，可能导致粮食大幅减产。2010 年，我国西南五省区所经历的前所未有的干旱巨大灾难，不仅使农田颗粒无收，而且连人、畜饮水也成了大问题。这是否是该论断的一个佐证？实际情况也的确如此，中国气候条件甚为恶劣，生态环境极为脆弱，"一下（雨）就涝、一晴就旱"就是这种状况的写照。据有关资料称，1999 ~ 2008 年，中国总共发生自然灾害252 起，导致 1.13 万人死亡，受灾总人数累计达 10.48 亿人，经济损失高达 750.49 亿美元（相当于我国 2008 年 GDP 总量的六分之一左右）。另据有关国际组织的研究报告称，一旦全球气候变暖超过临界值，发展中国家的损失将最为严重，而中国是最易遭受气候变化不利影响的国家之一。2010 年 3 月 19~21 日，我国北方、中部等约 20 个省区、近 200 万 km² 疆域、3 亿人口遭受近年来最强沙尘暴的袭击，沙尘飞扬，遮天蔽日，白天犹如晚间，人们很难在室外站立。沙尘暴虽然源于沙漠，但也说明我国生态环境极度恶化和脆弱，水土流失、植被破坏严重。诸如此类的气象灾害再次向国人敲响警钟，不管我们是否相信气候变化在一定程度上是人为导致的，但事实是，中国正在经受日益多变的天气带来的种种恶果。

4. 能源形势

我国在能源方面的基本国情（或者说能源禀赋）是，缺油少气，这对以汽、柴油为燃料的传统汽车发展产生长远的重要影响。

能源问题关乎我国发展大局。当今时代，随着世界人口的增加和经济发展，人类对传统能源的消费需求节节攀升，石油资源的衰竭日益明显，围绕于此的地区和国际争端（或祸端）不断加剧。当下，我国已经成为仅次于美国的世界石油消费大国，近年来石油消费量的增长速度远高于世界平均水平。至 2007 年，我国石油消费总量已达 3.46 亿 t，石油供给的对外依存度达到 47.2%；2008 年，石油消费总量达到 3.86 亿 t，该比率进一步上升至约 49%；2009 年，该比率更进一步升至 51.3%。国家石油安全令人担忧。据有关机构研究，如果我国不采取切实有效的节能措施，则石油消耗总量很快就会突破 4 亿 t 大关，石油供给的对外依存度进一步升高，石油短缺已成为我国经济生活中难以摆脱的窘境。

汽车已成我国石油消耗"大户"，其消费量目前占全国石油消费总量的比例已接近二分之一，其中，汽油消耗量占全国总消费量的比例接近 90%，柴油接近 40%。最近几年，由于投入使用的汽车猛增，消费的汽柴油更是越来越多，上述两项比例也呈扩大之势。假若按照前述的有些人对我国汽车未来发展的高预测值，那么至2020年汽车总保有量就可能达到3亿~4亿辆，每辆车即使一年只消费1.5t石油，那么全国的汽车一年至少要消耗4.5亿~6亿t石油。很显然，到那时，就是其他任何用户不消费一点石油，则全国通过所有渠道而获取的全部石油也不够"汽车"一项使用。因此，预测未来中国有那么多汽车是完全不现实的。国家没有办法也没有能力"供养"那么多汽车！

5. 环境保护形势

无论是采用仪器检测、统计学统计方法，还是经由人们的有关感觉器官的主观感受，我国的环保形势都到了一个十分严峻和非常危险的状态。若不采取必要而果断的有效措施，则后果不堪设想，危害在很长的时期内都难以消除。据美国哈佛大学教授裴宜理和罗索夫斯基的研究，能源、环境问题是当前中国面临的重大问题。2006年，中国已首次超过美国成为世界有害气体的最大排放国，CO_2排放量约占全球总量的三分之一。在世界污染最严重的十个城市中，中国占了7个，成为世界第一。现在，我国人均CO_2年排放量大大高于印度，为4.6t/人，而后者只有1.2t/人。斯德哥尔摩国际和平研究所中国研究中心主任琳达·雅各布森博士指出："我很确信中国今后三四十年会有相当大的发展，但也面临很大挑战。最大的挑战是如何保持中国可持续发展的能力，如何在经济继续增长的同时不破坏中国自己的环境。环境破坏得越多，对经济发展速度的制约就越多。"

事实证明，在粗放的经济发展模式下，经济发展速度越快，污染物排放量就越大。现如今，在全国范围内，可以说许多人都已意识到，我们的经济发展方式是"高投入、高增长、高消耗、高污染"。本来，呼吸清新空气、喝干净水、吃安全食品是人们最基本的生活（存）条件和要求，但现在已变成难以达到的"奢望"。民间流传的一句顺口溜"有水皆污、有河皆枯"就是许多地区的真实写照。我们正面临着"开着宝马汽车，喝着被污染之水"的尴尬局面。

想一想在一些省区出现的为数不少的"癌症村"之惨状吧，着实让人不寒而栗。据报道，甚至在经济比较发达的江苏盐城地区也出现了"癌症村"，癌症患者增多，死亡年龄呈年轻化。

近年来，我国各地不断出现的连续多天的严重灰（雾）霾天气绝非偶然，是环境污染加剧的必然结果和突出表征。据土壤地理学家、中科院院士赵其国的研究，在 1957～2005 年间，我国东部地区（即经济比较发达的地方）年平均能见度下降 10km，西部（即经济发展较落后的地方）能见度下降的幅度和速率约是东部的一半，显示出我国以能见度下降为表征的区域霾问题日趋严重，而且在东部表现更为明显，我国的霾颗粒（污染物）甚至比美国多出好几倍。近年，珠三角、长三角和京津冀这些经济发达地区的灰霾天气天数增加趋势明显，其中，在珠三角地区城市中，灰霾天气天数已占到全年天数的一半或一半以上，2009 年下半年更出现了有史以来连续天数最长的灰霾气象，严重到在大白天开汽车也不得不开前照灯。按照这种污染程度，该地区被有关科学家认定为不宜人类居住（从健康角度判定）。有关专家称，灰（雾）霾将很快取代吸烟而成为我国肺癌的头号引发源。某国际研究机构的一个报告称，在中国，医生经诊断统计发现，支气管炎、肺炎和肺癌的患者增多，这都是空气严重污染的结果。

诚然，造成如上所述的我国环境的严重（或极度）污染并不仅仅是汽车"惹的祸"，但毋庸置疑，汽车尾气排放是最重要的污染源之一，在一些大城市甚至是头号污染源。原因很简单：一是我国的汽车保有量近年增长迅猛；二是我国汽车尾气排放控制仍然落后于发达国家（地区），每辆车排放的污染物绝对量大。有研究称，一辆轿车在常规使用情况下，一年排放的有害废气至少多达自重的 4 倍左右，即约 4t。若将有些人预测的 2020 年我国汽车总保有量将达到 2 亿～3 亿辆，则一年的排污总量就约是 10 亿 t，这是我国大气和人们的耐受度无法承受的。现阶段，我国对汽车的 CO_2 排放尚无强制性规范。假设现在汽车的 CO_2 实际排放量约为 300g/km，一辆汽车每年平均行驶里程约为 1 万 km，那么一辆汽车一年的 CO_2 排放量就是 3t。因此，计算下来，汽车总的尾气排放量（有害成分和 CO_2）就很大（一年 7t 左右），若 7t 后面乘以 3 亿（辆汽车），那无疑是一个天文数字。前面已提及的，我国单位 GDP CO_2 排放量至 2020 年将在 2005 年的基础上减少 40%～45%。这对汽车业的减碳也提出了更高要求，若不能满足该需求，则将影响国家总目标的实现。因为无论从产销量还是从总保有量上讲，到 2020 年时的汽车数量都很大。有关资料称，就全国而言，现今我国汽车排放约占大气污染的 30% 以上。据第一次全国污染源普查公报称：机动车 NO_x 排放量占全国排放总量的 30%，对城市大气污染的影响最大；北京机动车 CO、NO_x、HC 的排放分担率分别为 88%、51% 和 49%，污染物浓度分担率更是高达 92%、64% 和 51%；同时，机动车尾气中的 NO_x 和挥发性有机物，在特定的气象条件下可在近地面生成臭氧，从而可能导致光化学烟雾污染，对人体健康的潜在危害很大。另据奥斯陆气候和环境国际研究中心的一份研究报告得出的结论：包括汽车在内的交通工具排放的废气，是目前造成全球变暖的主要原因之一；过去 10 年，全球 CO_2 排放总量增加了 13%，而来自交通工具的碳排放增幅却高达 25%。再据 2010 年 1 月 18 日《中国汽车报》刊载的一篇文章介绍，现时全球汽车的 CO_2 排放量已占全世界人类 CO_2 总排放量的 19% 以上。

在一段时间内，国人曾为北京再现的"蓝天白云"欢呼和骄傲，然而，遗憾的是，这种喜人景象并未保持多久。北京市为举办 2008 年奥运会曾大力治理环境污染，把首钢等一大批高能耗、高污染企业迁出市区。当煤和燃气燃烧污染、工业废气污染及工地扬尘等均得到有效控制和不同程度的减少时，如今北京所面临的空气质量形势却依然十分严峻，威胁最大的就是汽车排放。对此，中国环境科学院大气研究所所长柴发合叹息道："机动车增长这么快，即便花很大人力、物力治理大气污染，但终究敌不过机动车尾气的'聚少成多'！"

6. 交通拥堵

时下，在我国各主要城市，交通拥堵绝非个别现象，更非前面有关段落已提及的某些人所称"道路（拥堵）问题，这其实是一个伪命题"。该问题实际上是我国在汽车化进程中面临的一个普通境况和巨大难题。虽然我国目前的汽车总保有量并未赶上美国，但是高速公路总里程已接近美国（截至 2009 年 6 月已达 7.5 万 km）。由于其他配套设施及管理水平等跟不上汽车成倍增长的速度，致使道路拥堵十分严重和突出，在有些城市和地区，已演变成令人关注的社会问题。汽车作为方便快捷的交通工具，不但不能发挥其应有的优势，反而已影响到人们的生活和正常的社会秩序，如有些人抱怨的那样，成了一种累赘。同时，给相关地方上的经济也造成不少的损失。患上拥堵"城市病"的不只是局部地区问题，而是全国的普遍状况。据中国科学院的有关中国可持续发展的研究报告称，我国 15 个主要城市的居民平均单行上班时间比欧洲人多 12min，折算成经济损失，每天损失近 10 亿元（人民币）。已经愈演愈烈的交通拥堵，表明我国人、车、路之间的矛盾已经达到十分尖锐的程度。以下让我们看一看一些媒体和资料对此的报道或描述。

据有关报刊称，交通拥堵已将许多城市的主要干道变成了"停车场"，据说现在最流行的电话用语就是："你现在堵在哪了？"有专家更是戏称，中国是"工业社会的汽车标准，农业社会的交通文明"。从 2004 年到 2008 年，平均每年都有 7 万到 10 万人死于交通事故，占全世界交通事故死亡人数的比例超过十分之一，平均约每三起事故就造成一人死亡，死亡率远远高于欧、美、日等地区和国家，而日本全年也只有 4 千~5 千人死于这一类事故。

2009 年 12 月 7 日《中国汽车报》载文称，交通拥堵困扰多个城市，堵车在许多中小城市也都成为平常现象，堵车的烦恼正在从东南沿海、中原等经济发达城市向西部经济发展较落后的城市蔓延。有国外媒体评论，如果今后中国的汽车保有率接近发达国家，则交通堵塞现象将成为重大社会问题。

2009年第31期《汽车情报》刊载署名文章称,汽车产销量迅速增长带来汽车保有量的激增,我们正在快步进入汽车社会,但与这个汽车社会相配套的社会管理、秩序维护水平,我们却并没有同步增长。中国的汽车绝对数量与美国相比并不算多,但却催生出越来越多的"堵城"——许多大城市甚至中小城市,日益陷入交通"拥堵"、"梗阻"的困境之中。

据2010年1月18、19日《科技日报》刊载的一篇调查报告称,我国目前一些特大城市干道平均车速比十年前降低了约50%,干道网的平均饱和度达到0.8~0.9,交通拥堵成为城市的顽疾,深刻影响人民的生活。机动车的拥有和使用增长速度过快,而道路建设、交通管理、能源和人才的储备跟不上机动车发展的速度。尤其是机动车的使用问题,北京市有车家庭的出行强度(出行的次数和距离)是没有车家庭的8倍,这样道路通行的压力就比较大。机动车的使用频率是非常重要的因素,抽样统计数据显示,我国每辆轿车的使用频率竟比美国高出5倍,这增大了交通拥堵的可能性。

针对2009年中国仅乘用车销售量就过千万辆的局面,全国乘用车联合会2010年1月8日发出预警:中国汽车保有量快速增多,将进入堵车时代……因为汽车对占地和道路要求高,将引发社会根本变化……这对中国道路建设提出了更高的要求,比如公路等级(要)大大提升,高速公路(要)超过20万km(即约是2009年的3倍——程振彪注),普通公路增加一倍以上,且通过能力增长2~4倍。(为此)投资将高达40多万亿元,加上城市改造,最少也需要百万亿元。

据国内有关研究机构的调查,65.5%的居民认为拥堵主因是路上车太多,明显高于"道路建设不足"和"交通管理水平不高"等因素。拥堵不仅降低汽车固有的优势,还让居民出行时间、经济成本损耗增加,容易产生烦躁情绪,进而影响身心健康和正常生活秩序。《2009年中国居民生活机动性指数研究报告》的调查研究结果显示,北京市居民平均每天上下班花40.1min在路上,拥堵时花

62.3min，产生的经济成本（损耗）为335.6元/月（一年平均约为4000元），居7个调查城市之首。其次是广州和上海的拥堵经济成本，分别为265.9元/月和253.6元/月。假设北京有400万人从业（上下班），则一年的拥堵经济成本（损耗）总计高达160亿元（据称，北京的实际交通拥堵经济损失每年高达1000多亿元），这样巨大的经济损失真让人震惊和心痛。

据国内有关学者和专家的研究，上述我国许多地方出现的交通严重拥堵现象，不仅说明高速发展的汽车与方方面面的不协调、不匹配，还凸显我国"车多地少"的矛盾日益尖锐。汽车不仅要"喝"油，还要占"好"地。目前，"许多城市街道交通拥堵，不少街道、住宅区、公共绿化带甚至学校操场等凡有一点'空地'都变成了'昼夜停车场'"这样的描述，就是此研究结论的一个证明。美国知名生态经济学家布朗曾指出，在美国，每5辆汽车在使用生命周期内，整体上占用的土地面积（总量）相当于一个足球场（$105m^2 \times 68m^2 = 714m^2$）那么大，而类似的情况正在中国发生。按照布朗的研究结果，若按有人预测的2020年我国汽车总保有量达到约3亿辆计算，则这些汽车将总共占用（好）地约43万km^2。依据上述我国的具体地理地貌、地形条件（状况）和可利用国土面积比例极低的现实，现今在我国任何一个名义面积大的省（区）内（诸如新疆、西藏等），都难以找到这样一大块"好"地。如果按照有些人更高的预测，未来中国汽车总拥有量达到6亿多辆，并且假设中国的每辆汽车占用的土地面积与欧洲、日本的相同，那么6亿多辆汽车需要的土地面积就接近我国目前1300万公顷的稻田，而这些稻田年产1.22亿t大米，正是中国人的主要口粮。如果因为要发展汽车就要毁掉这些良田，那是多么可怕的一件事。迄今为止，我们已占用了很多良田、林地、草原等用于新建、扩建公路和停车场。2010年1月11日《经济参考报》刊载有关记者的一个调查报告称，由于城乡建设扩张（其间自然包括汽车发展用地），我国许多地方已经出现建设用地比例过高、土地过度开发、承载已接近极限的苗头。

据国土资源部公布的统计，安徽、江苏和珠三角等地区的城乡土地开发强度皆达到约15%，深圳、东莞两市甚至达到40%，而日本、韩国等的该比率均在10%以下，即使国土面积很小的荷兰也只有13%。为了保证我们子孙后代的"基本口粮"，国家已下"死决心"要守住"18亿亩耕地"的红线。同时，为了兑现我国政府到2020年单位国内生产总值CO_2排放比2005年下降40%～45%的承诺，还要寻觅广大可以利用的国土，用以增加4000万公顷（1公顷=$10000m^2$）森林。在现有用地极度（端）紧张的情况下，又怎能如中国乘用车联合会为解决堵车问题而提出未来使全国高速公路里程再增加两倍、投资40万亿元（相当于目前全国一年GDP总量的1.3倍——程振彪注）呢？这显然大大超出（或者说脱离）了我国的客观现实。汽车是很重要，但也不至于重要到不顾及甚至舍弃"衣、食、住"等人类最基本生存需求的地步吧？曾记否，前些年，有些国家（例如美国等）和地区为解决汽车能源紧张问题，曾盲目地大量生产生物燃料，导致世界粮油价格飞涨，使贫困国家民众生活状况恶化、政局动荡，从而召至国际舆论的强烈批评，指责这是"汽车与人争粮"。若我国不能恰当地处理发展汽车与保证十几亿人口粮及其他重要民生之间关系的话，那么也可能会造成"汽车与人争地、与人争粮"等的严重后果。如果是这样，那么我们为何还要盲目地快速发展汽车呢？宁肯慢一点，也比快但副作用太大要强得多。

三、中国国情的要求

1. 对几种预测方案的简要评判

从本节第一部分的介绍中可知，在对我国汽车未来发展前景作出较高或很高预测值的方案中，相关人员所依据的主要是参照国际（或者说西方）的一般发展规律，或比照某些西方国家的情况，基于本节第二部分的论述，这些预测结论的论据显然是不够恰当、不够充分的。中国汽车的发展是中国自己的事，根置于中国这块土壤。因此，对其未来发展的判断必须主要从中国的基本情况出发，国际或西方一些国家的经历或经验，只能作为预测的某种权重因素而加以考虑。对此，如果运用得好，则有益于相关研究，使预测更接近于实际，否则，"生搬硬套"就可能闹出天大的笑话。例如前面已提及的，比照日本的有关情况而预测中国未来最终的市场年销售规模将扩张到7000万辆和汽车总保有量将达到天文数字的18亿辆。在这里，预测者忘掉了两个基本常识：一是我国"人多地少"无法容纳这么多汽车（通过简单的计算就可得出此结论）；二是中国（甚至说世界）没有那么多石油给这么多汽车提供燃料（目前，全球的石油年产量约为40亿t，若每辆汽车一年使用燃油按2t计算，则18亿辆汽车一年就需燃油36亿t，这也就是说，全球产出的石油即使全部供应给中国汽车也只能紧紧巴巴的够用）。据此，笔者认为，对中国汽车未来发展目标作出如上所述那样较高或很高的预测是不科学的，不足为信。

与较高或很高预测值相比，张小虞和张志勇两位先生所作预测可以说是较为谨慎的、务实的。在笔者对此预测转引的相关原始资料中，未阅读到这两位先生关于作此预测的理论根据。但我相信，基于二人长期在汽车行业工作的经历和经验，他们是有充足理由作此预测的。应当说，这是一个较为冷静、客观和接近于科学的预判。

国外有些研究机构也对中国汽车的未来发展进行了比较深入仔细的研究，如本节第一部分介绍的那样，其中，也不乏真知灼见者。中国有一句俗语，叫做"旁观者清"。以笔者之见，上述德、瑞两家研究所的预测皆较接近于我国汽车产业发展的客观实际，尤其瑞士的研究机构，其学术研究方法和思路对我们（至少是对笔者本人）颇有启发，值得借鉴和参考。该机构作出的中国汽车市场未来发展最终的最大规模和最高汽车普及率之预测结果，更值得我们倾听和加以研究。

2. 对中国汽车未来发展规模（或容量）及速度进行设定（规划）的建议

（1）进行此种设定（规划）的重要性

如前所论，既然汽车的社会关联度如此之高，影响那么深远和广泛，则汽车发展（或发展汽车）就不单单是汽车行业一家的事，在一定程度和意义上，已经变成国家的、全民的大事。我们从事汽车产业 50 余年的经验表明，汽车行业必须与相关行业同步发展，共同进步，"孤军奋战"或"一枝独秀"的不协调、不均衡的行进状态，不可能使我国成为汽车强国。种种事实表明，在我国，汽车问题体现出来的是典型的发展与可持续的问题。因此，在某种程度上甚至可以说，如果能够给中国汽车发展（或发展汽车）找到一条不同于西方的"新路"，那么也就相当于给中国可持续发展寻觅到一条可行之路和参照"坐标"。给中国汽车谋划一个切实可行的发展战略，对中国、对世界都将产生巨大的深远影响。从此角度看，中国汽车发展战略就是国家战略，中央政府（至少是相关的权威部门）有必要对汽车的发展总量进行国家层面的预测，而不是任由社会上的个人或某些利益机构传播根本不靠谱的说法，进而混淆视听，误导舆论。鉴于此，笔者建议，在国家层面，至少应由国家发改委、工信部、交通部、环保部、国土资源部等牵头，中国工程院、中汽协、汽车工程学会、中国机械工业联合会、中国汽车技术研究中心、中国社会科学院等单位配合，组织相关领域专家，对我国汽车近、中、远期发展目标（本书主要指市场规模或容量）及发展速度进行深入研究。为使此项研究取得（最大限度地）符合中国客观实际的结论，所有研究者务必站在国家全局的高度（或角度），全面地综合考虑我国经济社会各个方面的发展指标（尤其与汽车相关联的发展指标）和基本国情的有关因素，构建不同的模型，最终提出一个（或两个）最优方案，供国务院决策参考。其中，有些具体数量上的指标设想方案，可作为国家内部掌握的市场调控依据之一。

（2）基本思路

① 在中国并非汽车愈多愈好。在提出相关建议前，笔者想进行一番自我表白。鄙人投身中国汽车建设已逾 40 载，可谓对汽车情有独钟，偏爱有加。自 20 世纪 80 年代以来，也相继出版了多部关于发展我国汽车产业及推动轿车进入家庭的专著，企盼我国早日成为

世界汽车大国与强国。得益于国家改革开放方略的实施与不断深化和应对"入世"挑战措施的得当，近十年我国汽车快速发展超乎寻常。在如此短的时间里，产销量过千万辆且跃居世界第一，令许多人甚感意外，即使对一直跟踪国内外汽车发展的笔者而言，也是始料未及。早些年，类似于笔者的行业内一批专家学者只顾着鼓动汽车进入中国家庭，而无暇研究以大约多高的速度进入家庭和中国到底应该拥有多少（量的）汽车才是最合适、最合理的。现在看来，这是包括笔者在内的业内专业研究者研究工作的一个重大纰漏。时下，面对中国汽车高速发展带来巨大好处（这一点是任何人也不可能否定的）和由此而伴生的一系列重大问题，笔者认识到，在作为世界上一个独特无二的国家——中国，汽车虽然是一个极好的东西（在我的由机械工业出版社出版的专著《WTO与中国汽车发展战略》中有详细论述），但并非越多越好，"量"的增长肯定要有一个限度，否则，就会跟世上任何事物一样走向自己的反面。作为一个对国家、对汽车行业具有高度责任感的研究者，如果是"真"而不是"假"（的）爱护中国汽车（行业），就不应如许多人那样在当前还在使劲往中国汽车"扩量"的"火"上浇油，而是应提出切实可行的我国汽车可持续发展对策。

②中国汽车普及的目标应与世界平均水平相当。就我国汽车市场未来的发展规模和汽车普及率问题，笔者于2002年和2005年先后写过两篇论文，作了一个粗略的定性描述。其一，基于特有的国情，中国可能会成为世界上最大的汽车生产国（因为自己生产的汽车不一定都是自己使用，像日本、德国等出口量都很大），但难以取代美国而成为全球最大的汽车消费国（消费市场），即使真的将美国取而代之，此也不是一件令人十分高兴的事；其二，从实际情况出发，在推进现代化的进程中，中国不应以追求西方国家那样高的汽车普及率作为发展目标，而大致达到世界平均水平，则是比较合适、合理的，也基本符合我国全面建设小康社会的目标。

对于第一点，有人可能会说笔者是"满口胡言"，因为2009年中国已经事实上超过美国。其实，中国这一年市场规模超美是在全球爆发金融危机的特定情况下发生的。在正常年景时，美国的汽车市场规模大多稳定在 1700 万辆的水平上（这还不包括大型客、货汽车等）。因此，从某种意义上讲，目前中国在汽车销量上只是暂时或偶然超美。若说到对中国未来的汽车市场规模发展的设想，笔者的思路实际上与张小虞会长和张志勇等的基本相同。假若按有关人士说的 2020 年中国汽车产量将达 2000 万辆，那么到那时，中国汽车出口率至少应为 15% 左右。如此一来，在国内市场上的销量也就是大约 1700 万辆，与美国现今时代正常年景下的销量大体相当，"世界第一"的帽子仍然可以让美国戴着（这对中国无任何不好或"伤害"，相反，从本质上讲，还是一件好事）。关于我国未来汽车普及率的设想，亦可谓笔者与张会长是"不谋而合"。张会长也认为，未来我国在此方面大体上达到世界平均水平是合理的、科学的。与此设想相似的，还有上述曾介绍过的瑞士研究机构的研究结果，将中国汽车市场最大容量（即汽车总保有量）定格在 3 亿辆左右。假若按照中国长远的经济社会发展目标，把总人口控制在 15 亿左右，那么汽车普及率就大致是 200 辆/千人（或者较此稍高一些）。目前，世界的平均水平是 100 辆/千人多一点，到那时，也可能达到 200辆/千人左右。这意味着，中国的该指标仍大体处于世界平均水平（或稍微高一些）。依据此预测设想，中国未来是平均每五人（或接近于五人）拥有一辆汽车，即不到每两户拥有一辆汽车。应该说，相对于中国普及汽车的客观条件而言，这还是一个比较积极进取的目标（截止到 2009 年，我国的汽车普及率大约是 0.76 亿辆÷13 亿人 =58 辆/千人）。这意味着，此发展目标设想并不保守，在今后相当长的时期内，中国的汽车市场还有较大的扩展余地，不用担心企业没有生存发展空间。

③ 合理的汽车普及率不会降低人们的出行便利性。在笔者看来，将中国未来汽车普及率的目标设定为与世界平均水平相当（或略为高一点），同样也不会影响我国广大民众享受包括出行便利性在

内的现代化生活质量。因为现代化的交通工具除了汽车之外，还有其他多种选择，诸如飞机、火车（包括高铁等）、地铁、轻轨、水上交通工具以及自行车等等。对此，像笔者这样一辈子专（或只）搞汽车，对汽车特别偏爱（甚至于视汽车事业如生命）的业内人士，务必摒弃"汽车一大独尊"或"唯我独尊"、"舍我其谁"的思想意识，也不要一听到对汽车说了一个"不"字就"火冒三丈"。上述的各种交通工具发展到今天，都有其独特优势和最佳（优）的适用范围（或场合）。例如，在一般情况下，飞机适用于长（或远）途（速度500km/h以上），火车（高铁）适合于中长（远）途（速度100~300km/h），汽车适用于中短途（50km/h以上，100km/h左右），而地铁、轻轨等则适合于市区通行。若如前述的市中心因交通拥堵而使汽车的时速只有20km左右，那么在此情况下，短距离出行骑自行车还更方便些。这也就是说，此时自行车表现出更大的优势。在我国现代化推进的过程中，各种交通工具之间不应该只有"你死我活"的竞争，而应"取长补短"，优势互补，协同发展，如此才更有利于我国现代化的发展和提高。中国近年来汽车高速发展的巨大成就无疑值得高度赞许和肯定，但我们绝不能盲目乐观，"洋洋自得"而认为可一直"独领风骚"。殊不知，业界有些人对西方发达国家（地区）汽车市场一个时期以来的低速增长（甚至是低迷），却缺乏应有的认识和深度分析。据对相关国家进行过实地调研的专家称，这些国家（地区）汽车市场的不振（甚至是萧条），虽然是经济因素在起作用，但也与那些国度的人们对汽车过度使用的反思有一定关系。在这些国家里，当下许多人为过低碳生活而自觉主动限制（控制）汽车使用。例如日本，尤其是在大城市（如东京等），虽然几乎人人拥有汽车，但在很多情况下，人们上下班并不开车而是乘公交。在北欧丹麦，如今自行车大行其道，全国约有四分之一（在哥本哈根市是三分之一）的人，上下班不开车而是骑自行车。韩国更是对骑自行车者偏爱有加，予给资金补贴。西方汽车普及率高的国家（地区）这种发展趋势，值得中国关注和研究（而不仅仅从表面看并认为仅仅是经济萧条所致），别人已经放弃（或修正）的生活（或发展）方式，不应不假思索地去"重复"（或简单地去"模仿"）。

在现代化进程中，我国已经摸到工业化的门道，但在社会发展上，甚至可以说还没有入门。在过去的十余年间，我国经济确实发生了天翻地覆的巨大变化，但消耗、消费的各种资源也十分惊人。因此，现在到了我们应该重新审视和反思现代化观念的时候了。同时，中国也应该重新考虑自己的发展（增长）方式。同样道理，中国也必须依据自身的客观条件来规划汽车化进程，照一句古语说，就是"量体裁衣"。效仿诸如美国那样的用车方式以及引发的社会结构变动，不仅不可能，而且是"大"不可取，那样会坑害了中国自己。在此方面，即使是国际权威的不实言论也不能信。我很理解汽车行业许多人的想法，中国汽车发展到这一步不容易。如果你提到要"限制"汽车，那肯定要遭到反对。其实，这里所言的是"控制随心所欲、非合理、非科学地使用汽车"，如果有些人硬要说是"限制"，那也是我们（中国）为了自身的根本（长远）利益，是"自觉"、"主动"、"理智"的"限制"，是有计划（而非盲目）地发展汽车。

（3）中国汽车发展速度的取向必须定位于平稳

如上所言，若按我国至2020年汽车产销量及汽车普及率的设想目标，分别是2000万辆和达到世界平均水平的话，则此期间它们的增速就分别为4%和6.2%（后者的增速实际是汽车保有量的增速）。如果说，近年中国汽车产销量年均增长速度超过20%有其必然性和合理性的话，那么在2009年迈上1300万辆的台阶之后，就必须以较低的，也就是平稳的速度发展。维持此种速度是与上述的我国汽车发展设想目标相适应（匹配）的，绝不是一个保守的、悲观的低速度。这可从不同的角度来认识。

首先，与自身相比较。由于目前的基数已很大，即使4%的增速也与昔日的增速不可同日而语。例如，2010年汽车产销量增长4%，则增加的绝对量为 50 万辆，而 2004 年时要达到 50 万辆的绝对增量，其增速就需达到 10%。

其次，从横向来比较。环顾全球，即使在没有发生金融和经济危机的正常年景，近期世界汽车总产销量的增速也基本上稳定在 4% 左右。从这个角度来观察，以 2010 年为起点，从此往后，我国汽车以平稳的速度前行是正常的、健康的、合理的和科学的，也是可持续的。

① 以平稳速度增长是中国汽车转变发展方式的需要。从更深的层次上看，中国汽车以平稳速度发展，是我国转变经济增长方式的需要。笔者以为，在应对全球金融危机的特定时期，期待汽车拉动内需而使之发展更快、更突出一些有一定合理性，但在通常情况下（尤其是年产销量已突破 1300 万辆大关），中国汽车必须以追求科学发展为（自己的速度）目标，只有没有大起大落的、均衡协调的、可持续的发展才符合中国的长远根本利益，这样的速度才是又好又快的正常发展速度。平稳增长有利于做强中国汽车（业），有助于促进行业进行结构调整，优胜劣汰，迫使企业从自身内部着手"强身健体"，尽快改变粗放的发展方式，加强研发，增强自主创新能力，着力品牌建设，提高服务水平，更加重视质量。

平稳增长也有利于我国社会从容应对和适应汽车化的到来和适度的不断提高。如前所述，近年来，我国各地汽车猛增，各种难题纷至沓来，矛盾十分突出和尖锐，表明迄今为止的社会结构和人们的思想观念对此极不适应，各大城市用于汽车快速扩张的空间越来越狭窄。如果不能很好地解决这些问题和矛盾，造成更进一步的"用车难"、"行车难、停车难"的局面，那么使用汽车的真正好处就难以体现。如此下去，势必会抑制人们的汽车消费热情和欲望，从长远和根本上看，对中国汽车的健康发展并不利。

除此之外，据有关专家研究，在当代的国际竞争格局下，市场是如同石油、矿藏等一样重要（甚至更重要）的稀有资源和竞争利器。如果说我们设定了中国汽车未来发展之最大容量（空间）的话，那么就好比向蓄水池（或称水库）注入了一定量的水。出水口的龙头开得越大，水流速度越快，池（库）中的水流出的就越多，剩余的水就越来越少。中国汽车以平稳速度发展，实际上就等于我们当代人给子孙后代预留了更大、更多发展空间和十分宝贵的市场资源，在经济全球化的竞争中就掌控了更大（更多）、更强的话语权。就我们所处的现今时代而言，我国在世界竞争格局中最大的优势之一，实际上就是拥有一个无人可比拟的巨大市场。因此，我们应该惜市场如惜金。

当下，业界（甚至是举国上下）议论得最多的，是中国汽车要强化自主发展，创建自主品牌。汽车行业若能以平稳速度增长，以长远的战略眼光看，则有利于本土企业和自主品牌成长和发展。目下，本土企业在诸多方面与跨国公司相比均有较大差距，显得柔弱。当前社会上流行一种说法：中国汽车产业的合资企业，中方股比占50%，虽然中方包括资本及其他有形的总投入占70%以上，但由于不掌握核心技术和知识产权，利润中方仅占30%（或者更少），其余的大部分都被外商拿走了。中国市场的"蛋糕"做大的速度越快，跨国公司的得利就越多，中国本土企业（乃至国人）的心就痛得更剧烈。以下相关的统计数字也证实了这一说法。"蛋糕"越做越大、越做越快的中国车市，不仅是当前境遇不好的跨国公司的"救命稻草"，简直就成了它们"发家致富"的"金砖金条"。美国通用汽车公司2009年在本土的汽车销量同比下降近30%，而在华却上升约70%。福特汽车公司2009年在华汽车销量创历史最高纪录，增幅达到44%，中国已成为其全球增长最快的市场。丰田汽车公司2009年全球销量下跌约20%，但在中国却增长21%，否则，其总的销量降幅可能会更高。德国大众公司2009年在华销量增幅超过30%，中国成为对其贡献最大的市场，难怪该公司最近又决定投巨资在华南建设第五座轿车厂。2010年2月，丰田汽车公司社长丰田章男在美国，就丰田汽车"召回门"事件在不同场合多次向消费者道歉。随后，他又"马不停蹄"地赶往北京，向中国消费者"深鞠躬"。这是为何？说穿了，还不是因为快速发展的中国市场对丰田太重要。现今，中国已成为对其贡献最大、最多的汽车市场之一。如中国本土企业和自主品牌利用中国汽车市场平稳发展的有利时机做强做大，在"质"的方面有较大提高和增强，那么在未来市场仍有较大发展空间的情况下，就有可能扭转这种市场竞争不对称状况，获得更多利益，终结如此让跨国汽车巨头兴奋、激动而让国人十分心痛的局面。

②举国上下都应转变习惯于高增长的观念。为使人们正确认识和习惯于平稳增速，汽车行业乃至整个社会都应转变观念。笔者深知，汽车行业许多人已习惯了20%以上的增速，如果只有4%的速度，则肯定会有不少人认为"金融危机"或者"严冬"又卷土重来。笔者这里所说的4%是指每年平均增速而不是具体哪一年。当然，要使行业从高速调至稳速是一个渐次过程，不可能一蹴而就，但最终的目标不应改变。"追根刨底"，汽车行业及社会上一些人对"高速"的盲目崇拜，在很大程度上源于我们国家多年来经济高速发展的大环境、大氛围。没有谁否认，为了强国富民和在国际上争得更多话语权，中国必须以较高的速度发展（经济）。但正如上面已多次提及的，任何事物都有其两面性，"好"的东西一旦达到极点，则其负面的特征（性）就开始凸显，把握不好，甚至会超过正面作用。已有不少有识之士（专家学者）对此发出了忠告（甚至是警告），"高"速度在给我们这个13亿人口大国带来繁荣富庶的同时，也积累着令人难以忽视的巨大风险。速度越快（高），风险就越大，因为在我们没有从根本上转变（粗放）经济增长方式的情况下，高的速度往往是以更多的能源（还有其他的宝贵资源）消耗与排放为前提和依托。高速也往往会给"系统"的均衡性、协调性造成伤害。所以说，速度可以解决很多问题，但同时也会掩盖很多问题，更会"催生"许多意想不到的新问题。不注重（或者说忽视）质量和效益的"高速"，就意味着作为一架完整机器（或系统）之经济的"空转"（或内耗）和泡沫的形成。

有专家指出，中国经济高速发展已历时30年，在全国范围内普遍滋生了一种"GDP至上"、"以GDP为本"的思想倾向，在某些地区和部门，甚至流行"GDP主义"。GDP主义产生的GDP可以估量，但没有什么办法可以估算（或确定）GDP主义的社会成本，对此，已经有越来越多的人认识由此而引发的一系列负面社会影响是很严重的。最近，国内一批著名经济学家发表谈话，他们都十分担心在后危机时代，各行各业重新进入又一轮比拼增长速度的竞争，而汽车行业几乎成了它们的"榜样"。经济学家厉以宁也认为，现在我国缺乏的不是速度而是增长的质量，我国各类重要自然资源并不丰富，但为了GDP的高速增长，现已成为世界上单位GDP产值能耗最高的国家之一。厉先生在参加2010年"两会"期间进一步指出，GDP增速不宜过快，否则会带来诸多负面影响，如果GDP增长过高，企业的日子好过了，容易产生惰性，只图短期利益和想着怎么抢抓当前的市场机遇，而对长期的经济转型考虑就会相对少些，在一定程度上耽误经济发展方式的转变。另外，在加快经济增长方式转变的过程中，企业不要单纯追求增长的幅度和速度，而要注重经济增长质量，否则将引发产能过剩（见2010年3月15日《中国汽车报》）。全国人大财经委副主任牟新生在接受媒体采访时曾指出：必须合理判断国内生产总值（GDP）的增长速度，30年来，我国GDP年均增长9.8%；关于增长速度问题，我们应该定下心来很好地进行思考。从世界各主要国家的发展规律看，GDP增长速度和GDP总量是密切相关的。GDP的总量越大，每增长一个百分点的绝对量就越多，世界上的发达国家如美国、日本的经济总量大，现阶段的增长速度就比较低，低于历史上平均的增长速度，这其实是科学合理的。随着我国经济总量越来越大，GDP潜在的增长速度逐步下降是正常的。在我国经济总量已达30万亿元乃至更高的今天，还过分地、盲目地强调经济高速增长是不现实的，也是不科学的（见2009年12月7日《经济参考报》）。

　　笔者以为，对于整个经济增长是如此，汽车（业）的增长更是如此，因为后者多年来的增速一直是前者的两倍多。其实，人们对

GDP 不必迷信（或崇拜），它只不过是经济学中采用的一种统计计算方法，用来衡量经济活动结果（效果或后果）得出的一种数据（指标）而已。GDP 并不是真正的（或者说最重要的）强国标志之一，其也不能真正和全面地代表老百姓生活质量的提升和改善，以 GDP 捧起来的虚幻强大可能误国误民。因此有专家建议，我国宏观经济的调整目标不应把经济增长作为主指标。我国的经济走到今天，不仅仅需要数据和好看的报表，而应该看老百姓是否从经济增长中真正得到了收获（即看民富做得如何），这才是经济增长的最终目的（见 2009 年 12 月 10 日和 2010 年 1 月 10 日《长江商报》）。基于以上论述，国务院发展研究中心有关专家预测，未来十年中或许有大量的不确定性，但至少有两点比较明确：一是中国经济将会转入一个中低速增长期；二是这个转折时间不会太久（见 2009 年 12 月 25 日《科技日报》）。该专家还认为，我国不少企业已患上所谓的"GDP 高增长依赖症"，如果 GDP 增速一旦低于 7%，则这些"速度效益型"的企业就将亏损或"叫苦连天"。不能不承认，在汽车业界，许多企业更是如此。由此可见，我国转变经济发展方式有多么必要和迫切。日本有关专家也指出，中国的国家目标，绝不应是 GDP 这一体现经济规模的数值超过美国，而是应成为使 13 亿人和平生活，且大多数人都感到幸福。世界对中国的关注，不在于中国的 GDP，而在于中国的经济发展方式，中国得为低速经济做准备（见 2010 年 2 月 26 日《环球时报》）。笔者以为，中国汽车行业应该率先以 1300 万辆为起点，自主（自觉）调整发展方式进入这种转折（变）之中，这才真正是为中国汽车长期健康、可持续发展负责任的表现。

③ 中国车企应吸取国际汽车业过度追求"做大"的教训。为促使中国汽车（业）实现平稳增长，行业务必克服和消除"重量不重质"及"量以大为傲、规模以为大就是强"的不良风气。比如说，行业年度各项指标的统计排名，率先出炉且渲染得厉害的是产销量的排序，这在一定程度上助长了一些企业盲目"上量"和"求大"

的冲动。诚然，国际上也进行产销量统计和作相应的排名，但它们往往更看重企业的销售额、经济效益（尤其是盈利）等指标，以此为依据的排名才更真实、可信，因此，也更权威。笔者作为汽车行业的一个"老兵"，多年来也曾积极鼓动中国汽车企业"做大"，力争在业内形成若干个具有国际竞争力的大型企业集团，但这必须以"做强"为基础。国际汽车行业接连发生诸如通用、福特、丰田等特大型企业遭遇重大挫折的骇人听闻事件，这绝不是偶然现象，其中必然有某种规律在支配着。对此，中国汽车行业必须下工夫进行认真研究总结，从中吸取有益的经验教训。

第二章

中国汽车技术近期发展及未来展望

得益于改革开放，我国汽车工业抓住机遇，积极主动参与全球汽车产业分工，在与跨国公司的合作竞争中，不断增强自身实力，提高自主创新水平和技术水平，在引进国外先进技术的过程中，坚持消化、吸收后再创新，同时，积极开始原始创新。现今可以这么说，我国汽车产品技术及质量与国际先进水平的差距已明显缩小，自主品牌商用车整体而言，达到国际20世纪90年代末期水平，个别新上市产品，甚至已大体接近21世纪初期的国际先进水平（或差距并不很大）。一些新推出的合资品牌乘用车（尤指轿车），除诸如排放等个别技术指标外，基本或接近与国际同步。在汽车产品的质量方面，据国际有关的研究机构调查后认为，国产车与国际同类型产品的差距显著缩小。着眼于汽车产业的可持续发展，我国还积极追赶国际汽车发展潮流，大力发展清洁替代燃料与新能源汽车。鉴于我国的具体国情，只要方向明确，战略选择正确，措施得当，我国在清洁替代燃料与新能源汽车发展上，是有希望跻身世界前列的。与此同时，我国的汽车制造技术也不断提高，逐渐向世界先进水平靠齐，从我国近年来新建的汽车工厂和新投产车型来观察判断，汽车制造技术已获很大提高，轿车主机厂的四大工艺已接近或基本达到国际先进水平。

尽管如上所述，我国汽车技术水平获得如此大幅度提高，但还应清醒地看到，我国汽车技术就整体而言，与国际先进水平相比还有较大差距，尤其在某些关键、核心技术领域，差距更大些，自主创新能力不强，为此，必须努力追赶。勇于创新，善于创新，就一定能够在不太久远的时期，使我国从汽车大国走向汽车科技强国。

第一节　汽车标准和法规渐与世界接轨

　　一个国家的汽车技术标准的水平，反映其汽车产品技术水平和试验技术水平。近年来，随着我国汽车产品技术水平的不断提高，汽车标准的技术水平也逐渐在与国际标准和国外先进标准接轨。特别是汽车强制性标准（在国外称为技术法规），从汽车安全、环保和能源等方面对汽车产品的技术性能加以控制，从而有效地控制了汽车对人类社会安全和环境能源造成的危害。

一、我国汽车标准总体进展

　　目前，我国的汽车标准体系每年都在逐步完善中，截至 2012 年 1 月 31 日，已批准发布的汽车（含摩托车）标准共计约 1329 项。这些标准绝大部分都是参照 ISO 标准、SAE 标准和 ECE 法规制定的。新标准的制定和实施，对提高产品的安全性、环保性、经济性和可靠性起到了非常重要的作用，并促进了汽车新技术、新能源研究领域的发展。

　　近年来，汽车技术标准的研究和制定主要围绕以下工作重点展开：

　　● 推进汽车节能环保技术发展，重点开展了新能源汽车标准、汽车节能标准的制定，同时开展了加强排放法规的前期研究和试验验证工作。

　　● 汽车先进安全技术标准的研究和制定，在汽车制动、灯光、碰撞等领域制定了一系列标准。

● 完善了商用车标准体系，制定了一系列商用车标准。

● 在汽车产品回收利用法规、汽车电子电控标准、汽车标准件标准等领域也开展了相关工作。

二、汽车强制性标准发展动态

我国的汽车强制性标准技术内容等效采用欧洲的 ECE/EC 汽车法规体系，少数项目按照 ISO、美国 FMVSS 和日本安全基准 JMVSS。到 2012 年 1 月 20 日，已发布的汽车强制性标准项目达到 113 项。强制性标准体系结构如图 2-1 所示。

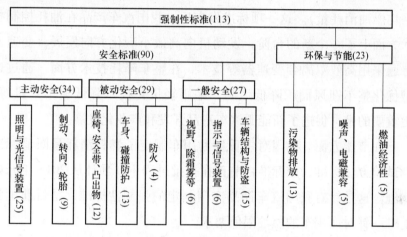

图 2-1　汽车、摩托车强制性标准体系

1. 环保与节能强制性标准

随着环境污染、能源危机的不断加剧，欧美日等国家都在进行新一轮汽车燃油经济性标准法规的制定和修订工作，大幅度加严汽车燃油消耗量限值要求，并对不符合法规要求的车辆和企业制定了苛刻的处罚措施。比如，欧洲是用 CO_2 排放量（常说的碳当量值）作为燃油经济性评价指标，其法规限值执行如下：

2012 年：120g/km（相当于 5L/100km）

2020 年：90g/km（相当于 4L/100km）

对于不符合法规要求的产品的处罚标准：每超标 1g 罚款 95

欧元。

我国的汽车燃油经济性法规与欧美相比有一定的差距，近年来，政府对汽车节能问题极为重视，加快了汽车燃油经济性法规的制定步伐，争取到 2020 年基本实现与欧盟水平接轨。从 2009 年开始，我国对乘用车燃油消耗量限值的设定开展了全行业产品调查和试验，并从政府能源战略高度考虑，在 2011 年发布了乘用车第三阶段燃油消耗量评价方法和指标（GB27999—2011），该标准对乘用车燃油消耗的评价体系与第二阶段标准相比发生了质的变化。首先，平均油耗限值加严了 16.8%；其次，评价方法采用美国的 CAFC 值（企业平均燃油消耗量）。这一项标准发布后，我国汽车产品在油耗控制技术方面上了一个新的台阶，发动机向高效小型化方向发展，变速器普遍采用高效双离合变速器等技术，在整车降耗技术方面，通过造型优化整车迎风面积降低风阻，采用轻量化技术降低整车重量等。更重要的是，促进了新能源汽车产品开发和产业化发展。

在节能方面，我国对中重型商用车制定了燃料消耗量限值标准和试验方法标准，该标准目前正在报批过程中，预计从 2013 年开始实施。这是针对我国汽车产品专门制定的强制性标准，是目前国际上唯一针对商用车的燃油限值要求。

在环保方面，我国开展了国 V 排放标准的制定工作，目前已形成标准征求意见稿。北京市已发布了京 V 排放地方标准，并在 2012 年 7 月 1 日开始实施。对汽车噪声标准的修订工作也在进行中，其目标是与国际标准接轨。

汽车回收利用和禁限用物质标准和政策的制定也是汽车行业近三年来的重要工作。为了推进该领域工作的开展，汽车行业建立了中国汽车材料数据管理系统（CAMDS），为计算整车的回收利用率建立了基础，并制定了一系列的再制造标准和禁限用物质标准。

2. 汽车安全强制性标准

2009～2011 年，我国发布实施了机动车儿童成员约束系统等 10 项强制性标准，包括商用车驾驶室乘员保护的标准要求，对提高商用车的安全性起到了重要作用。

自从汽车行业开展汽车安全星级评价（C-NCAP）工作以来，C-NCAP对提高汽车安全性起到了重要的作用。在2011年度，共有29个车型进行了试验评价，获得5星级以上的车型比例达到62%，这与2009年刚开始采用C-NCAP评价时的结果有了很大的进步。为了进一步促进汽车安全性能的提高，2011年底，《C-NCAP管理规则（2012年版）》正式发布，从2012年下半年开始实施。2012版与2009版相比，评分体系更加严格，碰撞速度提高了，试验项目业增加了，是一次全新的改版，对于汽车企业来说，在技术方面将面临新的挑战。

3. 新能源汽车标准

近三年来，为了配合我国汽车产业振兴和调整发展规划，同时为了降低平均油耗值，加大了新能源汽车和关键零部件标准的制定力度。从混合动力汽车、纯电动汽车及电池、燃料电池汽车、驱动电机和控制器等领域开展了标准的制定和修订工作。可以说，我国的新能源汽车标准体系及标准水平已处于世界先进水平。我国新能源汽车标准与国际标准对比情况见表2-1（截至2011年底）。

表2-1　我国新能源汽车标准与国际标准对比情况

标 准 类 型		中国GB	ISO	IEC	SAE
发布标准总数量		63	26	14	32
整车	纯电动汽车	12	5	／	1
	混合动力汽车	8	2	／	3
	燃料电池汽车	1	5	／	12
	电动摩托车	6	／	／	0
	通用标准	4	1	／	1
零部件	电池等车载能量系统	12	／	7	10
	电机及总成	2	／	1	／
	辅助装置类	3	／	2	／
基础设施	电能供给设施	10	／	4	2
	氢能基础设施	5	13	／	3

已发布的新能源汽车标准如表2-2所列。

表2-2　已颁布的新能源汽车标准

序号	类　别	标　准　号	标　准　名　称	状　态
1	纯电动（12）	GB/T 18384.1—2001	电动汽车　安全要求　第1部分：车载储能装置	现行有效，正在修订
2		GB/T 18384.2—2001	电动汽车　安全要求　第2部分：功能安全和故障防护	现行有效，正在修订
3		GB/T 18384.3—2001	电动汽车　安全要求　第3部分：人员触电防护	现行有效，正在修订
4		GB/T 4094.2—2005	电动汽车操纵件、指示器及信号装置的标志	现行有效
5		GB/T 19596—2004	电动汽车术语	现行有效
6		GB/T 18385—2005	电动汽车　动力性能　试验方法	现行有效
7		GB/T 18386—2005	电动汽车　能量消耗率和续驶里程试验方法	现行有效
8		GB/T 18387—2008	电动车辆的电磁场发射强度的限值和测量方法　宽带　9kHz～30MHz	现行有效
9		GB/T 18388—2005	电动汽车　定型试验规程	现行有效
10		GB/T 24552—2009	电动汽车风窗玻璃除霜除雾系统的性能要求及试验方法	现行有效
11		GB/T 19836—2005	电动汽车用仪表	现行有效
12		QC/T 838—2010	超级电容电动城市客车技术条件	现行有效
1	混合动力（8）	GB/T 19750—2005	混合动力电动汽车　定型试验规程	现行有效
2		GB/T 19751—2005	混合动力电动汽车安全要求	现行有效
3		GB/T 19752—2005	混合动力电动汽车　动力性能　试验方法	现行有效
4		GB/T 19753—2005	轻型混合动力电动汽车　能量消耗量试验方法	现行有效，正在修订
5		GB/T 19754—2005	重型混合动力电动汽车　能量消耗量试验方法	现行有效，正在修订
6		GB/T 19755—2005	轻型混合动力电动汽车　污染物排放测量方法	现行有效，正在修订
7		QC/T 837—2010	混合动力电动汽车类型	现行有效
8		QC/T 894—2011	重型混合动力电动汽车　污染物排放车载测量方法	现行有效

（续）

序号	类别	标准号	标准名称	状态
1	其他（2）	GB/T 24549—2009	燃料电池汽车安全要求	现行有效
2		QC/T 816—2009	加氢车技术条件	现行有效
1	关键系统及零部件（16）	GB/T 18332.1—2009	电动道路车辆用铅酸蓄电池	现行有效
2		GB/T 18332.2—2001	电动道路车辆用金属氢化物镍蓄电池	现行有效
3		GB/Z 18333.1—2001	电动道路车辆用锂离子蓄电池	现行有效
4		GB/Z 18333.2—2001	电动道路车辆用锌空气蓄电池	现行有效
5		QC/T 741—2006	车用超级电容器	现行有效，计划修订
6		QC/T 742—2006	电动汽车用铅酸蓄电池	现行有效，计划修订
7		QC/T 743—2006	电动汽车用锂离子蓄电池	现行有效，计划修订
8		QC/T 744—2006	电动汽车用金属氢化物镍蓄电池	现行有效，计划修订
9	关键系统及零部件（17）	QC/T 840—2010	电动汽车用动力蓄电池产品规格	现行有效
10		GB/T 18488.1—2006	电动汽车用电机及其控制器 第1部分：技术条件	现行有效，正在修订
11		GB/T 18488.2—2006	电动汽车用电机及其控制器 第2部分：试验方法	现行有效，正在修订
12		GB/T 24347—2009	电动汽车 DC/DC 变换器	现行有效
13		GB/T 19836—2005	电动汽车用仪表	现行有效
14		GB/T 24554—2009	燃料电池发动机性能试验方法	现行有效
15		GB/T 24552—2009	电动汽车风窗玻璃除霜除雾系统的性能要求及试验方法	现行有效
16		GB/T 25319—2010	汽车用燃料电池发电系统 技术条件	现行有效
17		GB/T23645—2009	乘用车用燃料电池发电系统测试方法	现行有效
1	基础设施（14）	GB/T 18487.1—2001	电动车辆传导充电系统 一般要求	现行有效
2		GB/T 18487.2—2001	电动车辆传导充电系统 电动车辆与交流/直流电源的连接要求	现行有效
3		GB/T 18487.3—2001	电动车辆传导充电系统 电动车辆交流/直流充电机（站）	现行有效
4		GB/T 20234—2006	电动汽车传导充电用插头、插座、车辆耦合器和车辆插孔通用要求	现行有效

（续）

序号	类 别	标 准 号	标 准 名 称	状 态
5	基础设施（14）	GB 4962—2008	氢气使用安全技术规程	现行有效
6		GB 50177—2005	氢气站设计规范	现行有效
7		GB 50516—2010	加氢站技术规范	现行有效
8		GB/T 7445—1995	纯氢、高纯氢和超纯氢	现行有效
9		QC/T 939—2010	超级电容电动城市客车供电系统	现行有效
10		QC/T 841—2011	电动汽车传导式充电接口	现行有效
11		QC/T 842—2010	电动汽车电池管理系统与非车载充电机之间的通信协议	现行有效
12		NB/T33001—2010	电动汽车费车载传导式充电机技术条件	现行有效
13		NB/T33002—2010	电动汽车交流充电桩技术条件	现行有效
14		NB/T33003—2010	电动汽车非车载充电机监控单元与电池管理系统通信协议	现行有效
1	基础通用（3）	GB/T 19596—2004	电动汽车术语	现行有效，计划修订
2		QC/T 837—2010	混合动力汽车类型	现行有效
3		GB/T 24548—2009	燃料电池汽车整车术语	现行有效

4. 汽车强制性标准的发展带动汽车试验技术水平的提高

新的强制性标准发布实施后，需要有相应的试验能力的保障。为了实施国V排放标准，各汽车产品检测机构和国内汽车大型企业都建立了转毂试验室，以便进行标准中要求16万公里耐久性试验；为了对汽车产品安全性能进行检验，各大检测机构都建立了能进行碰撞速度为65km/h的100%正面碰撞、后部碰撞、40%正面偏置碰撞、侧面碰撞、顶部抗压、鞭打试验等的试验室。我国汽车碰撞试验技术具体试验项目如下：

5. 我国汽车强制性标准技术水平与国外法规的差距

尽管我国强制性标准一直在争取与国际汽车法规接轨，但限于我国汽车产品的水平和我国实施技术法规的实际国情，使得我国的标准与国际法规仍然存在差距。对于轿车，我国强制性标准技术水平与国外法规差异见表2-3：

表2-3 我国轿车强制性标准技术水平与国外法规差异

项 目	中 国	国 际
排放	欧Ⅳ	欧Ⅴ
噪声	74dBA	72dBA
油耗	采用 CAFC 限值评价，油耗水平比国际标准低	用碳当量计算方法评价
材料回收利用	已制订了回收利用率的管理法规，尚未开展认证。有关基础技术工作尚待进一步开展	已建立成熟的材料回收利用体系

三、汽车推荐性标准和行业标准发展动态

1. 商用车标准

近年来我国标准的制订工作重点主要在乘用车的强制性标准方面，对商用车标准尤其是对推荐性的国家标准和行业标准关注不够，而商用汽车是我国自主品牌汽车的主力军。为了响应政府关于鼓励企业自主创新的有关政策，使我国商用车产品技术水平上一个台阶，2006 年专门成立商用车技术标准研究工作组，制订了我国商用车标准法规制修订计划，在未来五年将制订出一套完整的商用车标准体系。

2. 汽车电子领域标准

近年来，汽车电子技术是汽车技术中发展极快的前沿技术领域。目前，我国汽车电子技术的开发应用异常火热，几乎已经深入到汽车所有的系统。为了适应新的技术形势，我国的汽车电子技术标准从近两年开始着手制订，主要针对三个层次的产品进行制订，共包括 5 大方面：

① 大量的 ECU、传感器等组件或部件产品标准。

② 针对单纯电子控制系统的产品或基础性标准。

③ 涉及所有控制系统的网络通讯协议标准（CAN 总线）。

④ 影响所有电子产品的电磁抗扰标准。

⑤ 术语、图形符号等基础标准。

四、汽车标准和法规的展望

我国汽车强制性标准将紧随国际汽车技术法规的发展动态，争取在法规项目和法规技术水平方面与国际法规尽快接轨，将加强标准的技术性研究力度，积极引导我国汽车产品技术水平的提升。

1. 汽车燃油经济性

目前，已出台节能惠民政策，鼓励汽车生产企业进行技术革新，预计 2012 年开始实施油耗第三阶段标准时，该补贴政策会取消。由于油耗第三阶段目标值不属于强制性限值，因此为保证油耗第三阶段标准实施的推进力度，预计政府主管部门 2012 年将出台相关政策，明确燃油消耗量（CAFE）奖罚额度，明确计算 CAFE 值的具体计算办法。

国家有关部门参照欧洲油耗法规的发展进度，已在多个场合提出：2020 年油耗企业平均值达到 5L/100km 左右的长期目标（整备质量约 1300kg 左右），2014 年左右开始制订实施方案，2017—2020 年导入实施。按此目标，未来 2020 年的油耗法规将比目前油耗第三阶段限值要加严 25% ～30%。

2. 汽车排放污染物控制

目前，中国已开始国Ⅴ、国Ⅵ排放标准制定的前期试验验证工作，如果试验验证顺利，预计北京市将会分两阶段实施国Ⅴ排放标准：

● 第一阶段 2012 年年底实施国Ⅴ（等同于欧洲 E5a 或 E5b）。

● 第二阶段 2015 年左右北京实施国ⅤOBD＋。

预计 2015 年左右在全国范围内实施国Ⅴ（非 OBD＋）。

3. 汽车安全性

未来将会对汽车正面碰撞法规进行修订，与国际法规接轨，提高碰撞速度。C-NCAP 规则也将跟随国家法规进行修订，以推进我国汽车产品安全性的提升。

第二节　车身设计与开发技术

如果说，当代汽车是现代科学技术的结晶和高新技术产品的话，那么，汽车设计与开发在一定程度上，则反映了一个国家的现代科技水平。近十几年来，随着计算机技术的快速发展，CAD（计算机辅助设计）、CAE（计算机辅助工程）、CAS（计算机辅助造型）、VR（虚拟现实）等技术在汽车设计和开发中得到广泛应用，从而使设计与开发发生了深刻而巨大的变化，汽车开发流程不断优化，研发周期逐渐缩短。20 世纪 90 年代，世界汽车的研发周期一般为48～60 个月，至今天，国际汽车行业的平均水平已缩短到约 24 个月，某些汽车公司的一些车型研发周期，甚至已降低至 18 个月。在保证质量的前提下，缩短开发周期，加快新品上市速度，是各企业提高市场竞争力的关键手段之一。我国许多汽车企业目前已注意到，建立完整、高效的开发流程，在某种意义上甚至可以说，比拥有具体的技术细节更重要，也更为迫切。

车身是汽车品牌的标志和象征之一，直接代表着汽车的设计与开发技术水平。车身设计是以车身造型设计为基础，进行车身强度设计和功能设计，以期最终找到安全和节能、环保相结合的、合理的车身结构的设计过程。激烈的市场竞争，要求企业在更短的开发周期中，推出高质量、低价格的产品，其中，车身开发起着主导作用。可以认为，车身开发是决定整车产品竞争力强弱和成本高低的关键因素之一。

一、车身设计与开发技术的现状

现代汽车车身的设计和开发，经历从项目预研究、造型设计、车身设计、样车制造及认证直到批量生产等多个阶段。在这些过程中，设计师不断地协调着材料、结构、工艺、技术与造型美学之间的制约关系，使汽车设计既符合法规、用户的功能要求，又能达到不同用户的审美要求。汽车车身是一个高度综合性的、严谨科学的产品开发流程的最终结晶。

1. 项目预研究

项目预研究阶段在新车开发过程中占有非常重要的地位，许多重大的、带有决策性质的问题，需要在此阶段解决。期间，主要提供造型设计趋势、市场策略分析和整车构成建议以及项目成本与期限分析。目前，各个企业已认识到预研究对产品成功的重要性，通过对市场的调查、竞争对手分析、跟踪国外造型趋势等手段，并借助国内外的专业调查公司的成果，保证项目预研究工作的完整性和准确性。

就此阶段而言，我国的车身开发工作与国外发达国家相比，还有较大差距。主要在于：未系统地或者说不善于做市场调查，以及缺少经验和相应的数据库，难以按市场定位而提出恰当的各种定量指标（特别是具体的分指标）；成本分析研究工作刚刚起步；未能在充分的人体工程学分析基础之上，进行车身总布置，因此，很难满足现代汽车高水平的驾驶操纵性、乘坐舒适性、居住性和易维修性等要求；这一过程中，如果不投入必要的人力和时间而系统、周密地进行新车方案的可行性研究、评价工作的话，则导致新车方案有时会出现严重缺憾，并将之带入以后的设计开发阶段，可能会使市场定位不清，投产后销售不畅。

2. 造型设计

造型是车身开发设计的关键工作，通过提供数字化的造型模型，以此作为车身结构设计和工艺可行性分析的依据，对后续的设计开发环节的展开、同步工程的实施以及缩短开发周期等都有着重要影响。

在车身造型领域，已开始运用更为先进的虚拟造型技术。建立虚拟现实工作室，引入 Opticore、RTT、Bunspeed 等公司的虚拟造型软件，尝试逐步减少或取消实物造型模型，从效果图方案设计阶段，直接建立三维造型的数学模型。

近几年，通过大量新产品开发实践，国内已培养了一批造型人才，有关的汽车企业和独立的设计公司，都建立了相当规模的造型室，配备了先进的设备和设施，并掌握了造型流程的方法，向市场推出的一些产品，取得了相当的成功。车身造型经过借鉴模式，正努力向引入本土元素、构建品牌内涵发展。颜色、纹理装饰造型已本土化，并逐步建立以顾客为导向、引入感知质量等先进理念的自主设计体系。

由于已有几十年乃至上百年的轿车车身开发经验积累，欧、美、日、韩等汽车企业之造型，已形成各自的品牌风格特征。通过对客户需求的定量研究，建立科学的造型评审标准。同时，国际大企业也非常重视概念车设计，每年国际大型车展上，各大厂商都竞相推出自己的新概念车，其目的不仅在于吸引消费者的目光，还可作为创新技术的载体，探索新的外观，或寻求主宰未来汽车造型风格的时尚潮流，引导市场，争取主动权。

3. 车身设计

车身设计，主要包含车身总布置设计及结构功能设计。

在进行车身总布置设计时，要确定车身内、外部的主要尺寸、满足操纵舒适性、校核法规性能要求等。结构功能设计，则是将用户的需求转换为技术参数，以满足结构强度、碰撞和人机工程要求，是一种满足产品要求和造型要求的设计过程。

汽车车身是复杂的空间自由曲面，在设计开发过程中，车身设计是直接关系着整车设计成功与否的最重要因素之一，而 CAD 的应用，在车身复杂曲线和曲面的设计中又是一项关键技术。将设计思想或实物原型转变为 CAD 模型，是提高车身设计的质量和缩短车身开发周期的重要手段。

目前，各汽车企业三维 CAD 技术的应用已十分普遍，CAD 软件系统，向着整合并嵌入分析模块的方向发展，延伸了软件的功能。零部件企业也广泛应用 CAD 技术。

评价车身结构设计的优劣，需要验证汽车车身结构能否满足一系列的约束和达到设计目标要求。即：刚度、强度、耐久性、隔振降噪性能、安全性、轻量化设计、制造性要求等，CAD 技术在上述车身结构设计验证过程中起着重要作用。近几年，各大汽车厂纷纷成立了独立的 CAD 部门，不断加大对设备和软件的投入，在车身结构刚度及强度仿真技术方面，通过大量的实车分析，累积了相当多的工程经验数据，形成了一套较为完整的 CAD 分析体系。对车身结构碰撞安全性分析与试验结果的误差，可以控制在 10%以内。

国外大型汽车公司经过长期的经验积累，已建立起完整的结构设计、分析数据库、设计更改记录和设计规范（设计指导书），并日益加大应用 CAE 技术的力度，有效地帮助和指导企业设计师进行车身 NVH（噪声振动）设计、耐撞性设计、耐疲劳和耐腐蚀设计以及轻量化设计等。与国际先进水平相比较，国内所分析的零部件及工况种类较少，而在整车 NVH、碰撞模拟和空气动力学等分析方面则刚刚起步，缺乏 CAE 应用规范、仿真流程以及分析评价标准。

在车身设计开发过程中，应用平台化技术大大提高了车身零部件的通用性与继承性，减少了设计开发、试验和验证工作量，使车型的快速演变成为可能。同时，同步工程的应用，即从概念设计阶段开始，产品、工艺、质量、制造等部门以及专业供应商同时参与，开展工艺可行性分析、质量分析和经验反馈，保证了车身设计的可靠性并缩短开发周期。由于基础薄弱，我国目前还没有形成系统的、有效的工作模式。例如，车身质量及其重要的尺寸工程，部分合资企业为此专门设立部门负责研究，并形成相应的系统研究工作方法。而中资企业目前虽然具有基本概念，但在实际运用中，与合资企业还有较大差距。

4. 样车及试验验证

样车在车身的开发过程中起着重要作用，主要用于验证数字化定义是否符合初期的设计功能要求。

在样车的试制和试验中，为了真正反映产品的工艺性能和产品功能要求，样车车身的制造，使用具有工业化批量代表性（接近正规工装）的工艺：用数控制造的简易模具拉延成形——用数控制造的胎模翻边——五轴激光切边——小型环形装配线或装配台上焊装、装配车身——激光三维检测车身尺寸质量和使用其他快速成型技术及方法，并利用样车进行车身及其分总成的试验。

国外大型汽车公司都有规模甚大的车身试验部门，进行车身及其分总成、零部件的试验，试验种类甚多（大的汽车公司多达约200种），并且都已建立了企业试验标准和试验数据库。而我国企业车身试验部门规模还较小，试验种类少，同时缺乏试验标准，尚未建立起系统的试验数据库。

由于数字化技术已经在车身造型、结构设计、可行性分析、试验验证等开发全过程中得到运用，国际上的一个发展趋势是，在车身开发过程中，逐步减少实物样车验证。

上述的设计和开发阶段，在现代车身开发流程中，是一个全方位交叉、同步实施的并行过程。可行性分析、造型分析、设计、计算、验证，不断循环进行，其中，特别强调对阶段的渐进式目标接收，采用立标会或里程碑（关键节点）形式，进行结果的确认，保证整车开发质量、成本、时间等目标的达成。

二、我国汽车车身开发技术未来发展展望

1. 开发流程和关键技术研究并重

车身关键技术的研究，是车身专业技术持续发展的基础，也是企业核心竞争力的重要体现。不过，随着汽车技术朝着商品化的方向发展，对开发流程的出色管理能力，也已成为企业更重要的核心技术之一。充分利用外部资源，整合全球技术资源，是国内企业快速建立自主开发能力的重要途径之一。国内许多企业，皆竞相优先提高和增强产品开发的管理能力，规范和优化产品开发

流程。

我国汽车业界成功和失败的例子均表明，未来的制胜因素，已不单单是对核心技术的掌控，甚至也不仅仅是自有研发能力的差异，而是对研发流程的出色管理能力，因为这是难以模仿的企业核心竞争力之一。

2. 构建特色品牌的造型技术将成汽车开发主流

现今，我国正大力提倡自主创新和自主品牌建设，积极发展汽车设计方法学，逐步建立和完善汽车设计概念创新的社会激励机制。在政府和媒体的倡导下，正逐渐形成企业的品牌文化，创建有特色的轿车造型风格。以用户需求为导向，以构建品牌为内涵的造型技术研究已蔚然成风，这一趋势正成为所有主流企业的共识和努力方向。

3. 混合建模开发技术将广为采用

通过基于试验模型和载荷，与虚拟模型及合成载荷相结合而进行仿真。结合试验与虚拟仿真，加速开发过程。同时，随着建立起基于试验的验证，开发过程变得更加准确、可靠。以数字技术和实物试验为基础的这种混合建模技术，将成为未来汽车开发技术的发展方向之一。

4. 数字化技术趋向集成化、虚拟化

PDM（产品数据管理）/PLM（产品生命周期管理），支持多方位的设计、制造、销售、服务，直到报废再生的整个产品生命周期的工作，企业和软件服务商也日益强调全面的解决方案。

基于汽车行业的特点，PDM/PLM 技术促进了集团间的信息共享，重视知识管理、协同开发、同步开发的观念，将有效支撑各大主流企业研发领域的工作。

CAE 技术，也正在向高性能网络计算、虚拟现实模拟、多设计参数优化等应用方向发展，并出现了一些像"车身结构概念设计 CAD/CAE 集成系统"、"基于虚拟样机的设计与分析、方法、平台技术及其应用"的软件和成果。同时，CAE 还向着 VPD（虚拟产品开发）方向演变，VPD 技术整合了从 PDM 到 CAD/CAE/CAM 的 PLM 全过程。

第三节 发动机技术

随着汽车的技术进步，尤其是市场对汽车节能减排和安全性等提出越来越高的要求，因此，对发动机也提出了更加严格的要求。其中主要包括：必须满足日益严格的排放法规要求（涉及降低 CO_2 和废气中有害物质的排放量）；应具有更好的燃油经济性；要满足用户针对汽车及发动机技术性能、优越驾驶性、NVH 控制性能以及低保养、低维修费用等方面提出的更高要求；适应世界汽车多用途、多燃料动力总成的发展潮流；更进一步缩短开发周期和降低开发费用等。

为能更符合上述种种的需求，近年来世界汽车发动机技术进步迅速，主要表现在：汽油机的 VVT（可变气门正时）、涡轮增压和缸内直喷技术的研发与应用；柴油机先进的燃油供给系统、电控技术以及废气后处理技术等的普及应用。与此同时，新材料和新工艺也在发动机制造中获得广泛采用。着眼于汽车产业的可持续发展及节能减排，近年来，发动机代用燃料技术在全世界范围内也快速发展，提高和改善发动机技术性能、燃油经济性和环保性的方案及手段，呈现多样性和多元化。混合动力、燃料电池发动机技术的研发与应用也是当今世界汽车工业发展的明显趋势。

一、汽油机技术发展现状

1. 基本情况

从目前我国汽车动力配置上看，乘用车仍以汽油机为主，而商用车（尤其是大、中型车）则多装用柴油机。按配套车型，汽油机可分为三大类：一是轿车用汽油机；二是微型车用机；三是轻型车和其他车型用机。

从国际、国内的发展形势看，今后一个时期，汽油机将面临减少 CO_2 排放和进一步降低油耗的挑战。诚然，这种巨大压力也是汽油机技术进步的动力。例如，在欧洲，欧盟要求该地区的轿车制造厂家至 2012 年，轿车 CO_2 排放降低到 130g/km 的水平，而 2005 年时，该指标的平均统计数值还仅为 140～197g/km。由此可见，汽车厂家要达到这种新的、更高的要求面临着多么巨大的挑战！

为满足未来新的、更加严格的法规要求，各汽车厂家将广泛采用先进的汽油机技术，增加和提高具有稀燃、直喷、VVT 等技术汽油机的装车数量，强化对混合动力技术的研究，减少车辆自质量，更进一步缩小发动机设计尺寸等。

2. 节能减排技术及措施

降低污染物的排放，是发展先进汽油机的主要目标之一。改善和提高燃油经济性的技术，也就是减少 CO_2 排放的技术，采用的主要方法是应用 VVT、涡轮增压和直接喷射等技术。

（1）VVT 技术

通过可变气门正时技术，提高发动机的动力性、排放控制能力，降低泵气损失，改善燃油经济性。利用内部废气再循环（EGR）技术，降低 NO_x 的排放。通过采用连续可变的 VVT 系统，可使发动机在每种工况下，都能达到最优化的气门正时。同时，还可采用断缸技术。

本田公司的电子控制式可变气门正时和升程的发动机（i—VTEC）、丰田的电子控制可变正时发动机（VVT—i）等，均已投放市场。全电控无凸轮轴的气门正时技术的研发，也已取得成果，该机型已量产并投放市场。宝马公司已开发出"机械 + 电控"的全可控（开关、升程和开启时间）的气门系统，其效果达到电控功能的 99%。FEV 公司现已开发出全电控的气门系统，并装出样车进行试验。西门子公司研制的这一类发动机，配备伺服阀、中间偏心轴的位置传感器以及与发动机计算机相连接的气门升程控制器。

市场发展形势表明，VVT 技术正在得到广泛应用。据预测，至 2012 年年底，采用 VVT 技术的发动机，将占有世界轿车汽油机市场 80％的份额。丰田、本田、日产等公司的采用 VVT 技术的发动机产品，已在我国市场上销售。国内各汽车公司也都在从事可变气门正时式发动机的研发工作，例如奇瑞、吉利等公司。2006 年 8 月 8 日，吉利自主开发的、具有连续可变 VVT 技术的 JL4G18 型发动机正式投产。

（2）机械增压和涡轮增压

为进一步改善发动机的燃油经济性，缩小发动机尺寸和降低转速，通常是采用涡轮增压器。良好的低速转矩，是用户普遍接受缩尺寸和降速度技术措施的关键之一。一般而言，汽油机进气管（燃油）喷射良好的发动机，其升功率可达 50kW/L，升转矩达 90N·m/L，而涡轮增压＋直喷汽油机（技术），发动机升功率甚至可高达 85kW/L，升转矩可至 140N·m/L。采用双增压技术，即涡轮和机械增压相结合，可保证低速时的转矩快速响应。

（3）缸内直喷（GDI）

采用缸内直喷技术，可实现精确的空燃比控制，提升发动机的瞬态响应和冷起动以及暖机能力，减速快速断油，缩小发动机尺寸。与进气管喷射燃油方式相比，发动机燃油经济性提高 20％～30％，CO_2 排放量下降 20％，可满足未来严格的排放法规要求。结合使用涡轮增压技术，GDI 技术具有很好的发展前景。

缸内直喷发动机，还具有采用 $\lambda=1$ 的均质混合燃烧和采用分层充气的涡轮增压技术。采用 $\lambda=1$ 的均质混合燃烧，可利用进气管喷射所使用的三元催化转化器，排气后处理技术也易于实现。目前，该项技术已推广应用，与更为先进的自动控制点火技术相结合，则可使发动机的排放达到很低的水平，并能降低燃油消耗，其效果与层流直喷技术相当。如此一来，可避免采用高难技术的 $DeNO_x$ 催化器，降低发动机制造成本（费用）。

现阶段，日、美、欧等汽车公司以及诸如 AVL、FEV 等专业研发企业，都已开发出技术上比较成熟的 GDI 机型产品。西门子和雷诺两家企业合作，将致力于把 GDI 技术应用到雷诺 Megane 汽车上。日本三菱公司率先将其开发的 GDI 发动机应用于运动型轿车 Galant 上，并获得成功，该车油耗和 CO_2 排放与同功率的传统汽油机相比，下降 30%。2000 年年底，大众公司的直喷式汽油机问世，并装用于 Lupo FSI 车，其百公里油耗只有 4.9L。这意味着，该车成为世界上首辆（最省油）5L 汽油机汽车，与普通的、输出相同功率的进气管喷射汽油发动机相比，节能 30%。

（4）更为先进的技术

① HCCI 稀薄燃烧技术。该技术可提高燃烧速度，使发动机混合气以较大的空燃比稳定燃烧。丰田公司装备稀燃发动机的 Carina 轿车，结合采用 EGR 技术，空燃比可达 22∶1 ~ 25∶1，发动机油耗降低 10%。此外，本田、三菱、马自达等公司均已制造出采用该项技术的发动机。此项技术可进而发展为自动控制点火，达到低温燃烧，使 NO_x 排放进一步减少，燃油经济性再次得到改善。但该技术仍处于研发阶段，尚未达到实用化。在国内，天津大学和清华大学均承担了此项科研课题，并取得一定成果。

② 可变压缩比技术。采用该技术并结合增压手段，可允许改变发动机压缩比，能进一步改善燃油经济性。如此，在发动机全负荷时，压缩比可根据爆燃极限而减小，而在部分负荷时，则增加压缩比，以达到更高效率的燃烧状态。

荷兰 Gomecsys 公司已开发出 VRC（可变压缩比）发动机，预计油耗下降高达 50%。FEV 采用偏心轮调整机构，可使曲轴中心线上下（可控）调整 5mm，压缩比在 8 ~ 15 之间变化。部分负荷工况时，压缩比增加，可提高机械效率；全负荷时，降低压缩比，能减少爆燃，提高发动机的动力性和燃油经济性。

③ 基于缸压控制的电控发动机。英国里卡多与奔驰公司等开展科研合作项目，采用智能控制算法和先进的感应技术，根据发动机

的缸压，对发动机进行控制。项目的阶段性成果表明，这种新型发动机与传统的电控发动机相比，在燃油经济性、舒适性、排放控制性能和可靠性等方面，均有较大程度的改善，同时，发动机的成本降低。这种好的结果在于采用了高性能而价格较低廉的传感器和基于模型控制和故障分析系统。感应技术则应用绝缘体上镶硅的芯片材料。由于应用根据发动机的缸压对其进行控制的技术，直接监测缸压，由此，可反馈控制发动机的点火正时，使得发动机更能接近理想的工况运行，改善燃油经济性。同时，由于各缸均匀性获得改善，因此，使之运转平稳性提高。另外，在起动时，发动机点火延迟，使催化器能较快地达到工作温度，提高排放控制性能。

发动机状态的紧密监测，为智能控制和故障分析等技术的发展与运用，提供了更大的潜力。缸压监测可使 OBD 工作更可靠，以及较好地补偿发动机生产过程中制造加工精度的波动及燃油品质的变化。由于缸压反映了空气流量，因此，可减少使用一定数量的传统式传感器，诸如进气流量、爆燃和凸轮轴传感器等，由此，可使发动机的成本降低。

二、柴油机技术发展现状

1. 基本情况

当今，装用直喷式柴油机的轿车，其燃油经济性与同类型汽油机轿车相比，至少要高 30%。因此，普及应用直喷式柴油机轿车，是减少石油消耗最有效的手段和途径之一，并以此降低 CO_2 的排放量。这也是柴油机轿车在欧洲地区大行其道的主要原因。1999 年，在欧盟诸国市场上销售的新轿车中，柴油车还只占 30%，至 2004 年已升至 47%。目前，在整个欧洲轿车市场上，柴油轿车的市场份额平均已达 50% 左右。日本各个汽车企业，皆积极研发和生产现代先进的小型柴油机，以满足国际汽车市场尤其是欧洲的需求。例如，丰田公司的 ES3 型轿车，装备 4 缸、1.36L 共轨式柴油机，燃油使用效率提高 40%，排放达到日本超低排放水平，NO_x 和颗粒物排放比欧Ⅳ规定的指标分别低50%和80%。

生产(炼制)低硫柴油,为柴油车在美国的普及应用提供了先决条件,同时,柴油车的扩大使用,也为美国节省燃油及更进一步降低汽车排放提供了机遇。

然而,柴油机技术的发展并非坦途一片而无任何障碍,未来柴油机面临的主要挑战,是要达到极低的NO_x和颗粒物排放规定要求,同时又不丧失良好的燃油经济性。

颗粒物的排放问题,在很大程度上,可通过过滤系统而获得解决,降低NO_x的排放,其主要措施是采用SCR(选择还原催化器)和LNT(稀燃)捕捉器技术。关于发动机,可进一步优化传统的燃烧系统,其中,最关键的工作是研发更具柔性、更精确的燃油喷射系统,从而能够在不同的发动机MAP(脉谱图)区域内,很好地满足对发动机动力性、经济性和排放控制等方面提出的相关要求。除此之外,还应研究新的燃烧系统,以适应更均质的柴油机燃烧,也要采用更加准确的压电式喷油器和变几何形状的涡轮增压器。

2. 柴油机新技术

先进柴油机技术研发攻关的重点,在于燃烧的优化和排气后处理,其中,包括DPF(颗粒捕捉器)和NO_x控制技术。应用SCR和LNT NO_x捕捉器技术,以降低NO_x的排放。同时,要采用高效燃烧系统、两级增压和低压EGR技术,优化燃烧室尺寸;采用先进的燃油喷射系统和可调喷嘴形状技术;采用先进的气道和可变涡流技术,优化流量系数。

为满足欧Ⅲ的排放要求,需采取高压共轨、单体泵或泵喷嘴技术;满足欧Ⅳ的排放要求,要采取先进的SCR + DPF,或者是冷却的EGR + PDF技术。

选择还原催化器系统,具有对发动机燃油经济性产生的不良(或负面)影响低,使之能维持柴油机原有良好经济性的优点,但缺点是需要机械式还原剂储存能力和添加设备,而如果具备了这些条件,则可避免采用复杂的NO_x吸收技术,不过,仍需大量的标定工作。

应用 NO_x 吸收催化器，可基本满足欧Ⅳ要求，但要达到更严的排放法规指标，则需采取相当低的 $DeNO_x$ 吸收技术和装用颗粒过滤器，若使用 NO_x 吸收催化器，则需要提高其长期的稳定性和耐久性。另外，还要降低燃油中的含硫量。

目前，高压共轨喷射系统技术已相当成熟，博世、德尔福等公司厂商，均相继开发出这一类产品，并供应市场。电控高压共轨系统的开发，现阶段已到第三代，技术相当先进。采用这种系统的柴油机，可最大限度地降低发动机工作时的振动及噪声，油耗也进一步下降，减少了烟度和 NO_x 的排放。

3. 我国发展柴油轿车的若干情况

在我国的汽车发展政策中，明确鼓励发展先进的柴油机轿车，汽车行业也在积极为此作准备。例如，上海市正在实施一个柴油机出租车的示范项目，其中，选择50辆帕萨特牌柴油机轿车作为出租车使用，市场反映甚好。该市可能与大众汽车公司合作，扩大柴油机出租轿车示范运营投入使用的数量，达到数百辆乃至上千辆的规模，以促进我国轿车柴油机化的发展。为此，石化部门也应做好准备，炼制低硫柴油，这也是柴油机轿车普及应用的先决条件之一。

第四节 底盘技术

底盘技术的发展和提高，不断推动汽车安全性、行驶稳定性以及行车舒适性、燃油经济性等诸多技术性能的改善和提高。制动、转向、传动等系统均是构成汽车底盘部分的重要总成，其技术发展状况，在很大程度上，影响甚至决定了底盘技术的发展水平。当今，世界汽车底盘技术发展的一个明显趋势是，在这些重要总成上，广泛采用电子控制技术，例如，机电一体化的 ABS（防抱死制动系统）、ESP（电子稳定控制或称电子稳定程序）、电动助力转向（EPS）、电子转向（SBW）等。应用先进电子控制系统（装置）的各种变速器技术也迅速发展，并得到普及应用，例如，各式各样的自动变速器装用于不同的车型。

近几年，国内企业在制动系统先进零部件研发方面，成果甚丰。在 ABS 的开发上也做了大量工作，但与国外同类产品相比，仍存在较大差距。EPS、SBW 以及 AMT（机械自动变速器）、AT（液力自动变速器）、CVT（无级变速器）等先进装置（系统）的研发，也正在进行之中，个别企业已获重大进展。

一、世界汽车底盘技术最新发展

1. 制动系统

到目前为止，国外汽车制动系统绝大多数的零部件，仍采用传统的气压、液压制动器件。对此的研究工作，重点是放在改进性能、模块化设计和降低整体成本上。近年来研发的主要内容，是研制陶瓷材料和高强度轻质合金制造零部件，优化零部件的模块化设计，降低 ABS 的调试成本，改进并扩展 ESP 的性能，实现整体底盘控制，智能控制等。

2. 转向系统

随着电子技术的发展，汽车转向系统中愈来愈多采用电子器件，电动助力转向应运而生。EHPS 即电动液压助力转向是在液压助力转向系统基础上发展而来的，其特点是原来由发动机带动的动力转向泵，改由高速电动机驱动小排量的油泵，取代了由发动机驱动的方式，从而减少了燃油消耗。同样，ECHPS 即电控液压助力转向也是在传统的液压助力转向系统的基础上，增加了电控装置。

现代电液动力转向系统，主要是通过车速传感器将车速传递给电子元器件或微型计算机系统，控制电液转换装置而改变动力转向的助力特性，使驾驶人的转向手力根据车速和行驶条件变化而改变，即在低速行驶或转急弯时，能以很小的转向手力进行操作，在高速行驶时，能以稍大的转向手力进行稳定操作，从而使操纵轻便性和稳定性达到最合适的平衡状态。

EPS 在国外已是比较成熟的技术。近年来，发达国家将 EPS 的模块化设计、降低成本作为研发的重点。

SBW 系统即线控转向，是汽车上最为先进和最为前沿的技术之一，具有以下特点：①取消了转向盘和转向车轮之间的机械连接，通过软件协调其间的运动关系，可根据车速和驾驶人的喜好，由程序根据汽车的行驶工况实时设置传动比，减轻驾驶人的体力、脑力负担，提高系统的响应速度和响应的准确性；②可把转向系统与其他主动安全设备，如 ABS、汽车动力学控制、防碰撞、轨道跟踪、自动导航以及自动驾驶等功能相结合，实现汽车辅助转向功能和整体控制，提高汽车稳定性；③具有可观的经济效益和环境效益。

四轮转向装置，按照前后轮的偏转角和车速之间的关系，分为两种类型：一种是转角传感型；另一种是车速传感型。转角传感型，是指前轮和后轮的偏转角度之间存在着一定的因变关系，即后轮可以按前轮偏转方向做同向偏转，也可以做反向偏转。车速传感型，是根据事先设计的程序，规定当车速达到某一预定值时（通常为 35~40km/h），后轮能与前轮同方向偏转，当低于某一设定值时，则与前轮反方向偏转。目前的四轮转向汽车，既有采用转角传感型的，也有采用车速传感型的，还有二者兼而用之的。

3. 传动系统

变速器分为两大类：一是手动机械变速器（MT）；另一类是自动变速器。自动变速器又分为 AMT、双离合器变速器（DCT）和 AT，AMT、CVT 和 DCT 是最近才发展起来的，其与 AT 一样，是变速器技术发展的方向。为满足汽车爱好者的驾驶乐趣，还出现了手自一体化的变速器。

目前，驱动桥特别是客车的驱动桥，以降低噪声和提高传动效率为发展方向。除此之外，为适应不同的道路条件和驱动方式，有限差滑差速器已被广泛采用。

二、我国汽车底盘新技术研发与应用情况

国内企业在制动系统零部件领域，已研发了许多新产品，如气

动盘式制动器、制动间隙自动调整臂、感载比例阀、线圈径向布置的电涡流缓速器以及中心阀式的制动主缸等。

对于 ABS 的开发、控制策略仿真分析及试验研究，也开展了大量工作，其中，部分产品已装车使用。但在技术性能和可靠性方面，与国外同类产品相比还有较大差距。

近年来，国内高校与企业，对电液助力转向、电动助力转向以及相应的标准制定，都开展了一系列工作，其中，部分产品已获得应用。对电子转向系统，也有高校在进行研究。

关于 MT，其在消化吸收引进技术的基础上，每年都有几十种新产品推向市场。产品技术水平，诸如转矩容量和噪声控制等，也较之过去的老产品，有很大提高。

关于自动变速器，我国有多家企业一直试图开发 AT，但大多由于技术和资金问题的限制而不甚理想。国内市场目前只有全散件组装（CKD）产品。在重型车领域，贵州航天一直在从事重型车用 AT 的研究开发，但产品还没有形成批量规模。在轿车领域，吉利自主开发了轿车用 AT，接下来的问题是如何尽快形成批量生产而装车。国内对 AMT 和 CVT 也多有研究，但技术尚不成熟。

三、我国汽车底盘技术发展亟待解决的问题

我国汽车制动技术急需解决的一个老大难问题，是自动调整臂的应用。采用自动调整臂后，制动器常有拖滞现象发生，这一问题一直未得到根本解决。要真正解决此问题，还需从系统的角度出发而进行思考，即只从自动调整臂方面开展工作是不够的，要研究采用自动调整臂后，制动器本身需要进行一定的设计改进和提高。在 ABS 的开发、控制策略仿真分析及试验研究上，当前，许多科研院所以及企业，均投入了大量人力、财力，总体水平与国外相比仍有不少差距，还需强化开发力度。关于提高国产 ABS 性能与降低其调试成本，需从两个方面入手开展工作：一是 ABS 本身；二是不带 ABS 的（即传统的）制动系统性能的提高。

推广应用自主开发的电动液压助力转向系统,需要解决的问题:一是电动液压助力转向本身可靠性的问题;二是动力转向泵改由高速电动机驱动小排量的油泵,虽然具有取代了由发动机驱动油泵的方式而节省燃油的优点,但因此节省的费用,需能明显抵消成本的增加,并得到市场的认同。推广应用电控液压助力转向系统,需要解决的问题:一是电控液压助力转向系统本身可靠性的问题;二是其应用时,驾驶人获得的操纵轻便性和稳定性的优点,市场的价值认同要足以抵消整个装置成本的增加。

关于传动系统,当前亟待解决的问题有:发动机的电控化带来转矩特性的变化,对变速器的档位数、传动比的要求是否也会发生变化,这是行业有关专业工程技术人员需要重新认识,并加以认真研究的新课题。另外,还应加大对自动变速器开发的力度。在分动器、驱动桥方面,急需自主开发出越野汽车用有限差滑自动差速器。

第五节　汽车电子技术

世界汽车经历长期的发展和不断完善,机械结构几乎达到完美的程度,如今,单单依靠机械结构来改善和提高汽车性能,已比较困难。因此,汽车工程师们把汽车电子技术的应用,作为开发新车型、改善和提高汽车性能的最重要措施之一。现今,汽车电子技术的应用,已从原先的单一零部件发展到各个系统的应用。汽车电子技术对提高整车的动力性、节能减排性能以及安全和舒适性,都具有重要作用。可以说,电子技术的广泛应用,使汽车及其制造业进入了一个全新的时代。各个汽车企业,也把加快汽车电子化进程,增加汽车电子装置的数量,不断提高其性能作为汽车的新卖点和夺取未来市场的重要手段之一。

我国汽车工业近年来的快速发展,为汽车电子技术的应用,提供了广阔市场。最近几年,汽车电子市场规模也迅速扩大,2008年,我国汽车电子市场规模达到1405.4亿元（人民币），2009年则超过2000亿元。预计2012年将突破3500亿元大关，与2009年相比增长75%。这意味着，我国汽车的电子化程度得到进一步提高。

一、汽车电子的应用领域

1. 基本情况

汽车电子产品按其功能，可分为汽车电子控制系统和车载汽车电子装置两大类。近年来，随着汽车工业信息化、网络化的发展，汽车工业信息化系统也成了汽车电子技术的新成员。汽车电子技术的分类见表2-4。

表2-4　汽车电子技术分类一览表

分　类		具体控制技术
汽车电子控制系统	动力电子控制	汽油机控制、柴油机控制、自动变速器
	底盘电子控制	防抱死制动等制动控制、电动助力转向等转向控制、主动悬架等悬架控制、牵引力控制等驱动控制、稳定性控制等集成控制
	车身电子控制	安全气囊（SRS）、安全带控制、灯光控制、电子仪表、自动空调、电动座椅、电动车窗、中控门锁等
车载电子装置	汽车信息系统	车辆行驶自身系统显示、车载通信系统、上网设备、语音信息等
	导航系统	电子导航系统、GPS等
	娱乐系统	数字视频系统、数字音响等
汽车工业信息化	行业信息化	宏观决策管理信息系统、汽车行业统计信息化系统、汽车行业单位/个人信用评价信息系统、汽车电子商务信息系统、智能交通信息管理系统、二手车信息管理系统及汽车保养维修信息系统
	企业信息化	汽车生产企业生产管理系统（ERP、SAP）、产品数据管理系统（PDM）、汽车销售企业电子商务等企业级基础技术产品服务的整体解决方案，以及包括企业管理信息化、应用集成、信息化基础设施建设

2. 汽车电子控制系统

汽车电子控制系统是机械与电子相结合的汽车电子产品，其工作的好坏与优劣，会直接影响到汽车或发动机的性能。例如：汽油发动机和柴油发动机的管理系统、动力传动综合控制系统、制动控制系统、电子动力转向控制系统和电子悬架和安全气囊等。据统计，近年，我国汽车电子市场，电子控制系统产品占据了80%以上的市场份额，其中，动力控制约占30%，底盘控制与安全系统约占30%，车身电子装置约占25%，车载电子约占15%。

3. 车载汽车电子装置

所谓车载汽车电子装置，就是在汽车运行环境下，独立使用的一种电子装置，其性能好坏并不影响汽车或发动机的性能。例如，遥控中央门锁、车载电话、娱乐系统、GPS和车载计算机。

由于汽车上车载电子装置和汽车电子控制系统的数量越来越多，为减少连接导线的数量和重量，提高电子、电器的可靠性，车载网络、总线技术近期有了很大发展。通信线将各种电子装置连接成为一个网络，通过数据总线发送和接收信息。各种汽车电子装置，除了独立完成各自的功能外，还可以为其他控制装置提供数据服务，实现信息的共享。

4. 汽车工业信息化技术

汽车工业信息化技术，按照服务对象的不同，可分为行业信息化和企业信息化技术。汽车行业信息化，主要指政府管理部门，针对汽车行业的宏观决策管理信息系统、汽车行业统计信息化系统、汽车行业单位、个人信用评价信息系统、汽车电子商务信息系统、智能交通信息管理系统、二手车信息管理系统及汽车保养维修信息系统。汽车企业信息化，包括汽车生产管理系统（例如ERP、SAP等）、产品数据管理系统（PDM）汽车销售电子商务系统等。

二、汽车电子技术的应用现状

1. 基本情况

可以这么说，汽车电子技术是汽车各技术中发展最快的，对汽车的技术进步贡献越来越大，汽车电子产品的价值占汽车总价值的比例也越来越高。此比例已从 20 世纪 80 年代末期的约 5% 上升至目前的 25% 左右，而在中高档轿车上已超过 30%。

据有关研究报告称，随着汽车节能减排法规标准的不断加严和提高，汽车还将应用更多、更先进的电子控制系统或器件，其产品价值占车辆总价值的比例进一步提高。预计一些高档汽车中电子产品的价值所占比例将很快达到 50%，未来有可能提升至 60%。也就是说，在某种意义上，汽车简直就是一个大型的电子产品。

2. 具体应用领域

我国汽车电子技术的应用，主要表现在相关总成（系统）的工作状态受控于电子装置（系统），使之功能更全，工作更佳，效果更好。重要的应用部位是底盘、发动机、车身等。

（1）底盘部分

发达的汽车生产国，在 20 年前就已开始在汽车上装备 ABS，有些国家，还将配备此类系统列入国家法规之中。此后，又在汽车上配备 ESP，在此基础上，不断扩展到了带主动转向、制动、发动机控制和电控悬架联动的系统。在此领域，国内与国外先进水平相比有较大差距，本世纪初才开始在底盘上应用 ABS，并且这一类产品也是由国外少数厂家垄断生产，自主品牌产品还都处在研发阶段。

转向系统电子化趋势，表现为普遍采用电动助力转向和电子转向等技术，如底盘技术一节所述。传动系统应用电子技术，首先表现在由电子控制的各种各样的先进变速器的推广普及上。至今，国内外汽车虽然仍普遍使用 MT，但机—电一体化的 AT、AMT、CVT 等产品，其技术已相当成熟，并在部分类型的汽车上使用。TPMS（自动驻车系统和胎压检测系统）在国际上已应用于部分汽车，国内还未开始研制这一系统。

（2）发动机

为实现对发动机排放更为严格的控制，国内汽车汽油机已全部采用 ECU（发动机电控单元），符合欧Ⅲ排放标准的柴油机也应用了 ECU。但至今，ECU 仍全部是国外产品，国内还处在产品研制阶段。如今，国外已将 ECU 与防盗系统结合在一起，实现了整车真正意义上的防盗。

（3）车身部分

当前，世界汽车车身部分的电子化也在快速发展。由原来只采用单一的中控门锁机构，发展到现在的遥控门锁机构，以及装备车载电话、数显仪表、电动记忆座椅、GPS 定位、巡航系统、倒车雷达、倒车成像、自适应前照灯等。其中，比较简单的中控和遥控门锁机构、倒车雷达、电动记忆座椅等技术，我国一些企业已经掌握，但比较先进的巡航技术，国内至今还没有掌握。

三、我国汽车电子技术近期发展展望

放眼全球汽车工业，智能化、数字化已经成为世界汽车的技术发展潮流，安全、环保、节能等成为汽车发展的主旋律，这就意味着将更多的应用电子产品。此外，从国家政策扶持方面看，《汽车产业调整和振兴规划》以及《电子信息产业调整与振兴规划》等政策的出台，都明确要大力发展汽车电子产业。这表明，我国汽车电子技术将迎来大发展时期。未来几年，我国将重点研究发展若干能提高汽车燃油经济性、安全性和环保性的电子技术和产品，在技术水平和质量上，缩小与国际先进水平的差距，中低端产品达到国际一流水平。同时，按照国家政策要求，将逐步掌控关键电子零部件的核心技术。

1. 动力总成电子控制技术

突破发动机管理系统、电控直喷汽油机、电控柴油机等关键技术；突破商用车和乘用车的电控机械式自动变速器及乘用车的无级自动变速器、动力传动系统的匹配标定及综合控制等技术。

2. 底盘电子控制技术

从满足安全、节能环保的要求出发，考虑乘用车的智能化、车辆的安全性和舒适性，解决有一定开发基础的底盘控制系统，包括电动助力转向、电子控制制动、悬架电子控制等系统的核心技术。

瞄准世界汽车电子技术的发展趋势，研发安全预警、自适应巡航、线传控制等汽车电子系统。

3. 车身电子控制技术

解决安全气囊、车灯、空调、中央门锁、汽车专用液晶仪表和数字仪表板、电动车窗、电动刮水器等控制技术。车辆导航技术、车辆通信技术等获得比较圆满的解决。

第六节　电动汽车技术

美国、日本等国，早在 20 世纪 70 年代初全球第一次石油危机爆发前后，就将电动汽车的研究列入国家科技攻关计划。我国从"八五"开始，经过"九五"、"十五"和"十一五"等四个五年计划，在电动汽车研发专项上，也投入大量人力和财力，取得了一系列科研成果。目前已有十几家企业的近 30 种型号的纯电动汽车和混合动力汽车进入国家产品公告，开始实施产业化。为进一步提高和完善电动汽车的研发水平，2006 年，又有约 96 个电动汽车及相关零部件研究专项，被列入"十一五"国家（863 计划）重大科技专项。预计到 2015 年，我国电动汽车的研发水平和产业化程度，都将达到国际上较先进的水平。

在全球气候不断恶化，能源危机日益加重的严峻形势下，世界各主要国家政府及汽车企业，普遍认识到节能和减排是未来汽车技术的主攻方向，发展电动汽车将是实现这两个目标的最重要途径和手段之一。

一、纯电动汽车

1. 国外情况

完全由动力电池提供电力驱动的电动汽车，至今虽然已有近 140

年的历史，但由于受动力电池能量密度小、寿命短、价格高和充电时间长等缺陷的限制，纯电动汽车仅限于在居住社区、旅游景点、体育场馆等特定区域应用。美国通用汽车公司，于 1996 年研发了EV1 高性能纯电动汽车，项目共投入 10 亿美元，汽车也达到相当高的技术水平，但因售价过高，无法进入市场而告失败。日本、法国等研制的纯电动汽车，在投入小批量生产后，也因市场难以打开而先后停产。近几年，国外纯电动汽车的研发重点，已转向性能较低的小型和微型车型，例如，丰田公司的 e-com、铃木的 ALTO-EV、福特的 THINK 等微型电动汽车。

2. 国内情况

1997 年时，我国电动自行车的产量还只有 1.5 万辆，到 2007 年时则达到约 2000 万辆，十年之间增长了 1330 倍，我国已成为全球第一大电动自行车生产国和出口国。天津清源电动车公司，开发了一款以铅酸电池为动力的"幸福使者"微型电动车，最高车速仅为50km/h，续驶里程 80km，已先后向美国出口 500 余辆。近 20 年来，国内外纯电动车的发展历程表明，具有"轻、小、廉"特点的低性能微型电动车，是有广阔产业化前景的。在先进的、以磷酸铁锂为代表的新一代动力电池未取得重大技术突破和大量生产之前，以铅酸电池为动力的低性能微型电动车，仍是纯电动汽车的主要发展方向之一。

二、混合动力汽车

1. 国外情况

混合动力汽车是将内燃机、电机和动力电池进行优化组合，并由微电脑优化控制，可取得明显的节能、减排成效，而对动力电池容量的要求，仅是纯电动汽车的 1/10 左右，成本较低，技术上比较成熟。因此，近年来，世界各大汽车公司纷纷研发并投产了多款混合动力汽车。其中，以 1997 年投产的丰田公司的"普瑞斯"（Prius）最为著名，至今产销量已逾 300 万辆，节油率达 40%~50%，迄今，丰田已投产的混合动力汽车有6种型号。此外，日产、丰田、三菱、富士重工等日本汽车公司，也投产了各种类型的混合动力汽车。

目前，从混合动力汽车技术和投产的车型数量来看，日本均处于世界领先地位。近几年，美国的通用、福特等公司，也先后向市场推出了混合动力汽车，但市场销售业绩远不如日本企业。欧洲各大汽车公司原来坚持走乘用车柴油机化的技术路线，在研发混合动力汽车方面起步较晚，技术也较落后，迄今投产的仅有少数几款以BSG微混为主的混合动力汽车，对市场的影响较小。经过时间和实践的检验，现今欧洲不少汽车公司已认识到混合动力汽车是近期阶段比较现实可行的技术发展途径，因此，也开始重视该种车的研发及商业化运作。

2. 国内情况

我国在"十五"计划期内，一汽、东风、长安、奇瑞、五洲龙等多家汽车公司，均得到国家重大科技专项（863计划）科研经费的支持，已研发出多款混合动力汽车，但目前产业化小批量生产的，主要是混合动力城市公交车。例如，东风电动车辆公司在"十五"研发的22辆混合动力公交车的基础上，于2007年9月9日，又正式向市场投放了30辆混合动力公交车。深圳五洲龙汽车公司研发的混合动力公交车，也在深圳市投入了示范运营，并有少量出口至澳门、美国市场。"十一五"期间，又有北汽福田、宇通、一汽申沃、株洲南车时代等多家企业进入研发混合动力公交车的行列。

由于混合动力乘用车的市场和技术都不太成熟，政府又未出台支持力度很大的优惠、鼓励政策措施，故迄今尚无一款国产品牌混合动力乘用车以较大批量进入市场。据称，奇瑞汽车公司于2007年年底前，投产BSG微混合动力轿车，2008年7月，投产ISG轻度混合动力轿车。但从2006年一汽投产的丰田"普瑞斯"混合动力轿车至今仅销售数千辆来看，混合动力乘用车当前在我国市场上的前景不容乐观。混合动力公交车由于得到地方政府的财政支持和政策优惠，所以，才得以在本地小批量销售，但此并非长久之计，只有技术上获得较重大突破和得到国家更多优惠政策的支持，混合动力汽车事业才可能成为有一定规模的汽车产业。

不可否认，我国研发的混合动力汽车技术水平，就节能、减排指标及整车可靠性等方面，与国外先进水平相比仍有一定差距，成本控制也有相当大的潜力可挖。这些问题，都有待在"十二五"内进行改进和提高。

三、外接充电式混合动力汽车

1. 主要优点

外接充电式（Plug-in）混合动力汽车（PHEV），是最新一代混合动汽车类型，近年来，受到各国政府、汽车企业和研究机构的普遍关注。国内外专家认为，PHEV 有望在今后几年得到一定的推广使用。

据有关资料统计，法国城镇居民 80% 以上日均驾车里程少于 50km。在美国，汽车驾驶也有 60% 以上日均行驶里程少于 50km，80% 以上日均行驶里程少于 90km。PHEV 特别适合于一周只有 5 天驾车、上下班行驶里程在 50～90km 之间的工薪族使用。PHEV 是在混合动力汽车上增加了纯电动行驶工况，并且加大了动力电池容量，使 PHEV 采用纯电动工况可行驶 50～90km，超过这一里程，则必须起动内燃机，采用混合驱动模式。所以，PHEV 的电池容量一般达到 5～10kW·h，约是纯电动汽车电池容量的 30%～50%，是一般混合动力汽车电池容量的 3～5 倍。可以认为，它是介于混合动力汽车与纯电动汽车之间的一种过渡性产品。与传统内燃机汽车和一般混合动力汽车（HEV）相比（表2-5），PHEV 由于更多地依赖动力电池驱动汽车，因此，其燃油经济性进一步提高，二氧化碳和氮氧化物排放更少。但因动力电池容量加大，每辆车的售价至少比一般 HEV 高 2000 美元。

表2-5　1.4万美元售价的传统内燃机乘用车改为 HEV 和

PHEV 后的性能与价格比较

项目 ＼ 汽车种类	一般 HEV	PHEV
燃油经济性提高	21%	56%
二氧化碳排放量降低	21%	40%
氮氧化物排放量降低	10%	32%
与内燃机汽车的价格差	2500 美元	4500 美元
比内燃机汽车的价格增加	18%	32%

2. 国外发展动向

由于 PHEV 在节能减排方面比传统的 HEV 有更大的优势，所以，有些美国小公司对丰田"普瑞斯"进行改装，加大动力电池容量，以延长纯电动行驶里程使之达到 50km 以上。据称，丰田下一代投入美国市场的"普瑞斯"即按 PHEV 工况进行设计制造。通用研发了雪佛兰 VOLT PHEV 概念车，预计未来几年内，将有多家公司的 PHEV 投入市场。

3. 国内动向

我国迄今虽未将 PHEV 的研发工作列入 863 计划，但已有清华大学、天津清源电动车公司等单位着手研发 PHEV 概念车，预计在"十二五"期间，PHEV 可能会进入国家 863 计划，并在我国形成汽车研发工作中的又一个热点。

四、燃料电池电动汽车

1. 基本情况

燃料电池的发明已经很久，最初用于航天和军事目的。后来随着世界石油危机的断续爆发及汽车排放污染环境日趋突出，以质子交换膜为代表的燃料电池技术受到各有关国家及大型汽车公司的普遍重视，纷纷投巨资研发各类燃料电池电动汽车（FCEV）。当前的技术发展趋势是：车载能源载体氢气化，制取多样化；燃料电池模块化和系列化；燃料电池汽车动力系统混合化。

我国也紧紧追赶世界潮流，在此研究领域相继取得一批科研成果，开发出独具特色的能量混合型和功率混合型两种燃料电池混合动力系统，具有电—电混合、平台结构、模块集成的技术特征，燃料经济性甚至高于国外同类样车，尤其是高于纯燃料电池驱动模式样车，轿车和客车两种车型节氢效果明显。相关单位建立了比较先进的、以动力型负载为特征的燃料电池发动机测试系统，开发出拥有自主知识产权的大功率燃料电池发动机测试平台。

2. 主要优点

以装备质子交换膜为代表的燃料电池电动汽车的根本优点，在于其突出的环保性和氢燃料来源的广泛性。具体来讲，有以下几点。

其一，仅就汽车本身而言，理论上讲排放为零，或接近为零，但若包括制氢过程，则不同技术路线的排放情况差异较大。基于生物质、风能、水能等可再生能源和核能制氢的技术路线，FCEV 的有害物质及二氧化碳等排放大大低于传统汽车的。

其二，也是就汽车自身而论，能量转换效率可高达 60%~70%，但若把评价范围扩大至制氢过程，则总的能源效率，即 WTW 低于混合动力汽车的，与压缩天然气汽车相差无几。

其三，作为燃料电池（发动机）之燃料的氢，来源和分布极为广泛，理论上讲，在宇宙中，约有 75%（质量）是氢。地球上的氢也几乎无处不在，制（获）取氢的资源丰富，亦可谓取之不尽，用之不竭。

最后，燃料电池电动汽车还具有无机械振动、噪声小和热辐射低等优点，汽车的乘坐舒适性更佳。

3. 存在的主要问题、技术难点及对策建议

迄今为止，在全世界范围内，FCEV 技术研发虽然取得较大进展，展现出甚为光明的前景，但冷静观察，从总体上判断，该项技术仍处于发展的前期阶段，尚未真正达到实际应用的成熟程度，还存在不少的技术难点及障碍。

主要在于：燃料电池发动机的耐久性差、使用寿命短；燃料电池发动机及 FCEV 的制造成本高昂；燃料电池发动机环境适应性差；FCEV 的（燃料）使用成本高；氢（燃料）供应难题甚多。

FCEV 从工作原理上看，相较于传统汽车具有无比巨大的优越性，业界许多人士也认为是世界汽车未来发展的主要方向（之一）。但目前，这些优越性尚未真正变为现实和转化为具体的社会及经济效益。为使我国今后相关的研发朝着正确方向前行，特提出以下建议。

（1）着力进行理论和技术创新

以更为创新的思想，大胆突破现存思维方式，对燃料电池技术的基本理论进行深入研究和探索。通过一系列的实践活动，检验原有技术的可行性。在总结经验的基础上，进行理论创新和技术创新，完善燃料电池的基础理论，逐步建立起完整、系统的科学理论体系。

（2）开发新材料

对燃料电池的基础材料进行深入研究和探索，充分利用当代最新科学知识和技术，探寻、开发资源比较丰富、成本较低的新材料，例如：寻找（开发）铂金属替代品的催化剂，开发新的抗电腐蚀的金属双极板和耐高温（高于100℃）、高机械强度的质子交换膜等。

（3）提高发动机性能

进一步提高燃料电池发动机的总体优化集成技术，着力提高整机的环境适应性（诸如适应高、低气温的剧烈变化波动等）、抗（或耐）大气污染能力以及耐电负荷急剧变化能力等。

（4）广辟制氢途径，降低氢燃料成本

要实现燃料电池汽车整体上的技术突破，在氢的制取和储运上也要有新突破、新进展。按照目前的制氢方式和工艺，不但要消耗大量宝贵的化石能源，而且计算下来，使用氢燃料的费用是常规能源的 4 倍左右，同时，氢的储运成本也大约是汽油的 4 倍以上。

为更经济、更环保、更节约地获取氢，在我国应该从"循环经济和废物利用"的角度出发，大力推广利用工业副产品制氢方式。我国是世界第一大焦炭生产国，有一大批钢铁企业，过去在这些企业里，生产过程中产生的大量焦炉气都白白烧掉，不但造成资源浪费，而且也污染环境。目前，诸如武钢、本钢、鞍钢等均已制造出多套焦炉煤气变压吸附制氢装置，每年可生产大量的氢。同济大学按照国家"863"计划研制的燃料电池轿车，使用的就是这种氢。

（5）以燃料电池/蓄电池混合技术为切入点

在燃料电池电动汽车小规模研发、试制、试验乃至示范应用阶段，应遵循先易后难的方针，尽量采用已经成熟或比较成熟的技术，积极稳妥地推进燃料电池电动汽车事业的发展。基于此认识，燃料电池＋蓄电池式的混合动力技术应是我国当今阶段发展燃料电池电动汽车的首选技术方案。此方案由于吸收了蓄电池（动力装置）的优越性，因而能在一定程度上弥补燃料电池的若干不足，使之趋向达到实用化。通过长时期的不断改进、完善和提高，最终消除燃料电池汽车的缺陷。

五、电动汽车技术的前景

1. 国内外电动汽车技术未来发展方向

从国内外电动汽车技术的动向上，可以看出今后的几个重要发展方向：

（1）纯电动汽车更趋向小型化和微型化

现今业界许多有识之士都认为，如果要积极推动纯电动汽车的发展，则应采取务实的态度，容许适当降低汽车的最高车速，以合理的性价比进入市场。某些欧洲公司的市场调研表明，在欧洲微型电动车市场已相当成熟，仅法国市场年需求量即达3万~8万辆。在我国山东等地，微型电动车也有比较旺盛的市场需求，其他地区也有相类似的需求动向。

（2）混合动力汽车产业化期待技术升级和国家政策支持

就混合动力汽车而言，我国与国外的发展方向有较大的差异。

国外普遍以研发和生产乘用车为主，而我国则以城市公交车为主，并以小批量进入市场。由于受国民购买力和环保意识的限制，混合动力乘用车进入我国市场的难度较大。只有在进一步提高节能、减排水平，提高整车的可靠性和耐久性，努力降低成本，以及在国家出台相应的优惠、扶持政策之后，我国的混合动力汽车才能形成较大的产业规模。

（3）PHEV 将成新的研发热点

外接充电式混合动力汽车，在锂离子电池性价比进一步提升后，有望成为上班族理想的乘用车，它可能首先在购买力较强的发达国家和地区得到推广应用，此种车型也有望成为我国电动汽车的一个新的研发热点。

（4）FCEV 期待理论及技术突破

燃料电池汽车虽然是理想的清洁能源车辆，但目前性价比太低，可靠性和稳定性还较差，必须在基础材料和基本理论上有新的突破之后，才可能逐渐进入汽车市场。

2. 我国电动汽车研发存在的主要问题及对策建议

从我国近十多年来电动汽车研发工作中可以看到，还存在以下主要问题有待改进和解决。

（1）产、学、研要更好结合

在产、学、研相结合的研发工作中，有时分工不尽合理，合作不够紧密。企业应发挥自身工程化、产业化方面的优势，在整车或关键总成、部件研发中起主导作用。大学、研究所则应发挥在理论研究和基础材料研究方面的优势，在电动汽车核心技术研发中起骨干作用，否则，势必会延缓我国电动汽车产业化的进程，并使我国长期不能掌握相关的核心技术。

（2）应集中力量攻克难关

参与电动汽车技术研发工作的单位过多，分散了有限的资金和人力资源，重复性研究过多且技术水平较低。有些规模很小的企事业单位，不顾自身实力，过分热心甚至盲目投入电动汽车研发，而有些大型企业又局限于短期的经济效益，对电动汽车等的研发工作过于冷漠，甚至不愿介入。无疑，这二者都会延缓电动汽车的技术进步和产业化进程。

（3）着力攻克核心关键技术难关

在某些电动汽车的研究工作中，若干核心技术的基本理论和基础材料的研究相当落后，甚至落后于关键总成、部件的研究，而后者又往往落后于整车技术的研究。例如，我国动力电池和燃料电池寿命大大短于国外同类产品，并严重困扰我国电动汽车的技术进步，但相关单位却未认真试验研究其失效机理和失效理论，以致耐久性、寿命短的问题长期得不到有效解决。

（4）标准、规范要先行

近年来，我国已制定了一系列有关电动汽车的标准、规范等，但还有待进一步完善、提高。例如，目前在有些地区（如山东）大量出现的各种微型四轮或三轮电动车，性能、质量良莠不齐，且缺乏相应的标准和法规，企业和用户均无章可循，应用过程中存在令人担忧的安全隐患。又如，目前不少单位正在研发中的 PHEV，也没有任何的标准和法规可依，亟待制定相关标准。

第七节　制造技术

世界汽车制造技术的发展方向，是轻量化材料制造技术，绿色制造技术，数字化制造技术，柔性化、自动化生产方式以及计算机集成制造系统。近年来，随着我国新建的汽车厂和投产的新车型，汽车工艺制造技术水平有了极大的提高。轿车主机厂的主要工艺，如冲压、焊装、涂装、总装已接近或达到国外先进水平。先进的新设备、新工艺、新的管理方法不断涌现，但从整体上看，我国汽车总体制造技术水平与国外先进水平相比，仍有不少差距。主要反映在：自主开发能力薄弱，关键设备依赖进口，零部件制造水平低，耗能高，排污及回收再生能力差。如大部分涂装材料、涂装工艺装备，80% 以上仍靠进口，我国尚未真正掌握适应未来环保法规要求的清洁涂装生产技术，而欧美已经应用多年。以下主要对冲压、焊接、涂装、装配四大工艺加以论述。

一、冲压技术

近年来，激光拼焊板成形、板材热成形、液压成形、气体成形等成形工艺，在汽车上的应用不断扩大；高强度钢板及铝、镁轻合金板材成形技术，也在加速开发与应用；冲压成形的压床，向大型多工位压力机、柔性生产的大型压力机生产线、高速冲压线（SPH500—600）方向发展。近年开发的伺服压床也备受关注。有限元分析和 CAE 技术在冲压成形中得到快速发展。

国内外激光拼焊板坯，在轿车车身中已广泛应用。武汉、长春、上海等地已建多条激光拼焊板生产线，制造相关的部件而应用在乘用车上。宝钢近期拟将再建 10 条这样的生产线。重汽和东风公司也将激光拼焊板应用于商用车。

板材热成形技术在国外已普遍应用，国内一些轿车厂也开始采用。

内高压成形技术近年来的发展方向是双层管内高压成形、拼焊管内高压成形、内高压成形与连接复合、热态介质内高压成形。最近日本已开发液压成形桥壳及钢制保险杠骨架。我国生产的轿车，如奥迪 A6 后轴纵臂、副车架，马自达 6、奔腾及帕萨特 B5 副车架等都已应用该技术进行制造。长春有一条这样的生产线，宝钢正在上海筹建这样的生产线。此外，一汽采用机械涨形工艺生产桥壳。

国外新颖的气体热成形技术，适用于钢、铝、镁合金等管材、板材，尤其是高强度钢管件，国内尚无应用。

近年来，冲压成形的有限元分析及 CAE 技术得到了快速发展，可预测缺陷，确定零件的成形工艺和模具结构。国内目前有许多企业和高校、研究所，也在冲压成形领域应用 CAE 技术，并解决了一些工程问题。上海交通大学、吉林大学、湖南大学等开发出了具有自主知识产权的有限元分析软件。

在国内，以单机连线的压力机生产线为主，关键冲压设备采用大吨位、大行程、大台面、机械手上下料系统、高速度、高精度、全自动换模技术、功能完善的触摸屏监控技术。一汽大众公司，采用了先进的光学摄像系统进行板料对中定位。

天津一汽丰田公司，其压力机自动线生产率为 600 次/h，多工位压力机自动线生产率为 1000 次/h。换模时间为 3 ~ 10min，采用一模两件方式，模具最大重量按 40t 设计。

目前，世界汽车制造业最先进的伺服压床，能以数字化方式控制压床速度和工作行程，减少压床能耗，降低冲压噪声，提高零件的精度。国内广州丰田、东风股份公司等，其冲压车间已采用伺服压力机生产线。

二、焊接技术

点焊质量的控制发展趋势是，由单模式控制发展为多模式控制，由一种监控方法决策方式向人工智能决策方式发展。

中频点焊机具有三相负载平衡、低输入、功率因数高、节约电能等优点。欧洲已大量采用中频点焊机器人。广州本田、北京现代、一汽大众、一汽轿车等企业，也已采用中频点焊机器人。

美国、德国、日本等国家的一些汽车公司，已有百余种汽车零件采用了摩擦焊接技术，但在国内，其应用范围比较狭窄。

熔焊新工艺发展很快。弧焊工艺 MAG/MIG 焊接坡口位置的重复精度较差，焊枪的行走轨迹容易偏离坡口位置，制约弧焊机器人的推广应用。针对这一难题，可通过采用机械跟踪、电弧跟踪、CCD 摄像、激光视觉传感器系统等焊缝跟踪技术而获得解决。

激光拼焊板坯制造技术在国内外广泛应用。重汽和东风卡车驾驶室顶盖已开始应用。

国外已广泛采用激光焊接方法，用于轿车车顶焊接。被焊接工件变形小，零件装配间隙小，密封性好，可提高车身强度、动态刚度，但对零件和工装的精度要求高。国内目前只有少数合资公司，如上海大众、一汽大众等应用。

为了降低激光焊对工件装配间隙的要求，国外已开始实现激光—电弧复合焊接技术。

近年来，英国开发的摩擦搅拌焊接技术（FSW）和日本川崎与马自达汽车公司共同研发的铝合金点焊技术（FSJ），具有节能、清洁、质量高、设备简单等诸多优点，正在扩大在汽车上的应用。

在自动化、柔性生产系统领域，线体输送设备采用非同步传输线（滚床、滑橇），易实现工位数增减，拓宽品种；采用伺服技术、分体式夹具，实现不同车型定位部件的变换；采用点焊机器人和弧焊机器人，实现多品种焊接装配；自动输送设备机器人，具有焊钳储存库，可根据焊接部位的不同要求或焊装产品的变更，自动从储存库抓换所需焊钳。以上四部分组合、集成，可在一定范围内实现柔性化自动生产。

国内自动化程度最高的是广州丰田焊装车间采用的全球车身生产线（GBL），配备了267个自动化机器人。

焊接车间现场网络系统已广泛应用。上海大众等公司，开始使用工业以太网系统，实现焊接控制器网络系统工程数据备份、集中编程、运行监控等功能。

通过焊接数值模拟，可以模拟出焊接过程中的应力变化和分布情况，从而减小焊接残余应力的有害影响。采用计算机模拟技术进行虚拟工厂设计，可以优化焊接车间平面布置和工作单元布局，对焊装线上的机器人、自动化设备及人体作业进行认真分析。

三、涂装技术

现代汽车涂装技术的发展方向是，减少涂装公害、降低涂装能耗、降低涂装成本、提高涂装质量。

近十几年来，环保型涂装材料已经逐渐普及，可大幅度降低挥发性有机化合物（VOC）排放量。典型的3C3B（三次涂装、三次烘干）涂装工艺在应用环保型涂料之后，VOC 排放量，由过去的 120g/m² 下降到 30g/m² 以下，最低可降至 12～13g/m² 的水平。

欧洲汽车公司近年来新建的涂装线，全部采用了水性中涂和水性底色漆。北美地区新的涂装线部分采用水性中涂，部分采用粉末中涂。由于粉末换色困难，所以底色漆多为水性涂料。目前，国内轿车涂装线，大多数采用溶剂型中涂＋溶剂型色漆＋单组分罩光清漆工艺体系。近几年新建的轿车涂装线，多数按水性漆的工艺标准设计，近期采用溶剂型中涂面漆，以后通过设备改造，即可进行水性中涂面漆的应用。

迄今，国内使用水性底色漆的公司，有上海通用、天津一汽丰田。用水性中涂和水性底色漆的公司，有广州本田、东风本田和广州丰田。北京奔驰是国内率先采用水性中涂＋水性色漆＋双组分罩光清漆工艺体系涂装线的汽车厂家。

节能、减少 CO_2 排放量的技术进展很快。现今，典型的轿车车身涂装工艺是电泳底漆——中涂——面漆（底色漆和罩光清漆），一般是 4C3B（一道漆后烘干一次，冷却一次）。近年来，实现了电泳底漆低温（150～165℃）烘干、聚氯乙烯（PVC）涂料不单独烘干，开发出适用于"湿碰湿"（3C1B、4C2B）的工艺。

日本马自达开发的 3C1B 中涂——面漆涂装工艺，是以低溶剂 3C1B 专用涂料和优化喷涂工艺设计为基础，实现同时降低 VOC 和 CO_2 排放量。在国内，南京福特马自达，计划采用 3C1B 中涂——面漆涂装工艺。德国奔驰公司 Rastatt 工厂，采用水性中涂/水性底色漆/粉末浆状罩光涂料的 3C1B 涂装工艺已有多年。日本大发公司，于 2004 年开始采用水性中涂/水性底色漆/高固体份溶剂型罩光清漆的水性 3C1B 涂装工艺。

近年来，国外汽车公司，均在开发自干型非 PVC 车底涂料、焊缝密封胶。日本丰田公司正在开发湿固化聚氨酯系列车底涂料，不需烘干。

为降低涂装 CO_2 的排放量，应用紫外光（UV）固化或低温固化涂料进行车身涂装，也是各大汽车公司关注的课题，试验研究已经接近工业化应用阶段。

在自动化技术提高涂装质量、降低涂装成本方面，也有很大进展。新型的多功能穿梭机（Vario-Shuttle）和滚浸运输机（RoDip），在解决了传统运输机问题的同时，兼具传统运输机的所有优点。多功能穿梭机在一条生产线上，有实现多品种不同工艺的功能。这两项新技术，在一汽解放的新车身等涂装线上也得到应用。

我国汽车涂装，特别是乘用车涂装的应用技术水平，与国际先进水平的差距在逐步缩小，与日韩的水平已比较接近。然而，低VOC 排放涂装工艺的整体水平，落后国际先进水平近 10 年，涂装工艺装备 80％以上仍靠进口。

四、装配技术

世界汽车装配技术的发展趋势，是柔性化、灵捷化、智能化和信息化。具体表现在，应用总线模块化模型实施大规模定制的生产供应体制、数字化和虚拟装配技术、模块化装配技术、射频识别（RFID）技术、自行导向小车（AGN）技术、工业以太网总线技术等。

装配生产模块化，导致了汽车生产方式的重大变革，将汽车装配生产线上的部分装配作业，转移到装配生产线之外的地方去进行，减少整车企业生产零部件的数量，降低管理成本和生产费用，缩短生产周期。

目前，美国汽车零部件供应商德尔福公司，已实现了按座舱模块、底盘制动模块、车门模块、前端模块、集成空气/燃油模块等五种模块向主机厂供货。

国内，上海大众、一汽大众、神龙等轿车公司，已广泛采用模块化装配，但商用车行业还仅限于局部应用。

虚拟装配技术，是 CAD 技术、可视化技术、仿真技术、产品数据管理及装配，以及制造过程研究等多技术的综合运用。

虚拟装配技术，改变了汽车设计开发和生产制造方式，在产品设计阶段，直接检测各种零部件的装配关系和干涉情况，并进一步实现了产品的可视化设计和分析评价；不需试制样车，虚拟样车将在虚拟检测环境中装配、试验及检测；新厂房、设备与流水线，也在虚拟技术条件下生成，从而使生产过程实现可控化和精确化，达到最优设计。

福特公司已在新车型的开发中应用虚拟装配技术，零部件在CAD系统中建模，然后，将模型文件传输到虚拟环境中，通过数据手套检测手的各种动作，实现对虚拟场景中零件的抓取、移动、装配等动作，从而可充分发挥人的主动性、创造性，实现产品装配的最优过程。

国外汽车厂在装配生产线上，采用射频识别（RFID）技术采集数据，监控生产过程。国内一些汽车企业，如上海大众、上海通用、一汽大众，也同样应用了该项技术。

装配生产自动化，包括自动装配机、自动装配线、机器人、机械手、AGV等。由若干个AGV小车组成的生产单元，构成柔性的和动态的装配生产线，提高了汽车装配线的自动化水平。

沈阳新松机器人自动化公司开发的AGV及其控制系统，已应用于汽车装配柔性生产系统。如：一汽小红旗的总装生产线、发动机和后桥装配；金杯客车制造公司发动机、后桥、油箱装配等。

在一汽无锡发动机公司的发动机装配线中，已开始应用机器人装配作业技术。

现阶段，国内外已广泛应用网络技术。一汽大众总装生产线，包含12条DeviceNet网络，200多个节点，总线长度达3000m，整体技术达到国际先进水平。

第八节 材料技术

汽车材料技术发展的主要趋势是，钢铁材料中高强度钢的用量将有较大增长；铝合金在汽车上的应用范围进一步扩大；镁合金呈现快速增长趋势；塑料及其复合材料的用量也将持续增长；粉末冶金材料向大型化、高强度方向发展；不锈钢的应用已凸现。不过，今后一段时期内，钢铁材料仍然占据汽车材料的主要地位。

轻量化材料的应用，是实现汽车轻量化的主要途径之一。材料技术未来的一个发展方向是，碳纤维、钛合金和金属复合材料有望成为新一代轻量化材料；在轻量化材料技术的持续推动下，汽车用材的设计理念将会发生很大变化；轻量化材料的应用对象，将从乘用车向商用车拓展；轻量化材料零部件制造技术，将是未来研究工作的重点。

目前，我国汽车材料体系已初步形成；技术含量高的新产品发展速度开始加快；汽车用高性能钢板、塑料，对进口的依赖程度逐年下降；铝合金（除板材外）及其成形技术，基本上能满足当前汽车工业的需求；镁合金的开发及应用，已有良好的开端。但在该领域还有不尽如人意之处，例如：自主创新能力差；铝、镁及复合材料的开发与应用不如国外；汽车专用材料品种繁杂、数量少，产量难以达到经济规模；汽车材料基础技术研究薄弱，基础技术数据与行业统计数据贫乏等。

一、高强度钢

国外轿车车身高强度钢板的应用比例，新车型已超过 50%。许多轿车上，采用各类高强度钢以及抗拉强度高达 1000~1500MPa 的热冲压用钢。

近几年，开始采用不锈钢作为轻量化材料而应用于保险杠、后挡板和发动机支架等汽车零部件。

国内新引进车型，也应用了大量高强度钢板，有些轿车的 B 柱、防撞杆相应的钢板材料，强度级别已达 1500MPa。一汽在商用车驾驶室上，成功地将 41 种零件的材料改为 BH 钢，每辆车材料消耗量下降 35.8kg。该公司投产的自主品牌轿车，每车采用 16 件激光拼焊板，前后保险杠采用抗拉强度 980MPa 双相钢，侧围用 TRIP 钢（抗拉强度 800MPa），门外板用 340MPa 烘烤硬化钢，B 柱加强板用 980MPa 双相钢，防撞杆用 1500MPa 热成型钢。

我国宝钢已形成不同品种和级别的高强度钢供货能力。

二、铝合金

北美地区的汽车企业，其乘用车每车平均用铝量已达 145kg，欧洲乘用车每车平均用铝量为 118kg。奔驰公司已成功开发出世界第一台 V6 柴油机铝合金缸体，并投入批量生产。

福特 P2000-铝密集型汽车，铝合金用量多达 333kg，占总用材的 37%。

Alcoa 公司近年来运用集成的方法，对铝合金悬架件进行优化设计，使此类零部件（汽车横梁、副车架、控制臂、转向节、发动机支架和泵壳体等）既实现了轻量化，又使之表现出较高的技术性能。

国内汽车工业用铝量，年均增长率达 60%，近几年推出的新车型，每辆车铝的用量基本上都在 100kg 以上。

由于成本的制约，国产商用车铝的应用水平远低于轿车，目前，每辆车铝的用量大约在 40kg。新开发的商用车用铝量则有明显提高，单车已达 80kg 甚至 100kg 以上。用铝量增加的部分集中在发动机上，如进气歧管、油底壳、飞轮壳、齿轮室罩盖、水泵壳、机油泵壳和中冷器散热器等。

三、镁合金

近几年，北美地区汽车工业，镁合金用量的年增长率已超过 35%，欧洲地区镁合金的用量增长率更是超过 60%。

镁合金是最具发展潜力的汽车轻量化材料。有资料预计，至 2014 年，镁合金铸件用量将增加到目前的 3 倍。未来，镁合金铸件在汽车中的应用将一直以较快的速度增长。应用的领域主要是发动机缸体、气阀罩、变速器壳体、进气歧管等动力系零部件，以及仪表板、支架、门框、发动机托架、前部组件、座椅、转向柱零件等内装件。

当前的研发重点之一，是针对发动机缸体、自动变速器壳体等零部件的需求，开发具有较高耐热、低成本的抗蠕变性能的镁合金。

宝马汽车公司一种直列 6 缸镁铝复合发动机缸体，已于 2004 年投放市场。奔驰公司成功地用压铸镁合金，制造一种新型 7 档自动变速器壳体。宝马等公司已开发研制出镁合金进气歧管。

我国镁资源十分丰富，原镁产量已占全球产量的 64%，是名副其实的镁金属生产大国。但镁合金材料在汽车上的应用，与国外先进水平相比却比较落后，最近，已开始重视对镁材料的开发利用。国家科技部将"镁合金开发应用及产业化"列为滚动发展项目，这些项目已取得显著的阶段性成果。一汽、东风、长安等汽车企业，均建立了压铸镁合金生产线，开始批量生产镁合金铸件。

中国、美国、加拿大等三国，2005 年 10 月在美国底特律确定了镁合金在汽车前端上的应用项目，为期 6 年（2007 年 1 月—2012 年 12 月）。

从总体上看，我国汽车镁合金的开发与应用尚处于起步阶段。

四、塑料

近年来，塑料及其复合材料在汽车中的用量持续增长，世界平均每辆汽车上的塑料用量已达 105kg。

塑料及其复合材料技术，朝高性能、低污染、低密度、低成本的方向发展。以汽车热塑性塑料为例，国外当前树脂材料研究的重点之一是不断提高材料的物理、力学性能，低成本的普通树脂新品种体系，自增强树脂和天然纤维增强热塑性复合材料等。

自增强聚丙烯和长玻纤增强聚丙烯热塑性复合材料、纳米复合材料受到广泛关注。热塑性复合材料成形技术，如大型零件的低成本真空模塑生产工艺、模内装饰与贴模技术以及 A 级表面与抗擦伤表面制备技术等快速发展。

麻蕉纤维增强备胎罩已用于奔驰轿车，这是世界第一个天然纤维大批量应用于外装件的范例。

通用电气公司开发的聚碳酸酯玻璃材料，其重量较普通玻璃减轻50%。

我国轿车塑料的应用，已基本接近国外同类产品的技术水平。应用主要以内饰件为主，散热器面罩、保险杠、轮罩、挡泥板、导流板、翼子板、脚踏板、灯壳和灯罩等塑料外装件也越来越普遍。此外，还有进气管、空气滤清器、暖风机和空调零件等，也越来越多地使用塑料材料制造。

国内塑料进气歧管应用不如国外普遍，塑料燃油箱技术水平也比国外的低。一汽已开发出 SMC 复合材料，用来生产商用车油底壳。

以上就国际国内汽车标准与法规、汽车设计与开发技术、发动机技术、底盘技术、汽车电子技术、电动汽车技术、制造技术和材料技术等八个专业领域近几年的最新发展情况，作了概括介绍。由此可以看出，在此期间，世界汽车为满足市场需求及日趋严格的法规要求，技术进步节奏加快，新技术、新成果层出不穷，汽车及其制造业的面貌正在发生深刻变化。

我国汽车技术的发展也日新月异，自主创新渐成时代潮流。但还应清醒地认识到，我国汽车技术就整体而言，与国际先进水平相比还有较大差距，在某些关键、核心技术领域，差距更大些，必须努力追赶。只要全国上下（尤其是汽车行业）坚持科学发展观，勇于创新，善于创新，就一定能够在不太久远的时期内，使我国不仅成为汽车大国（这一目标已基本实现），还成为汽车科技强国，由此，为国家的发展做出更大贡献。

第三章

新能源汽车的发展

目前，国家已将新能源汽车作为战略性新兴产业而加以大力支持发展，有关部门和机构也相继制定和出台相应的规划和支持政策措施，不断扩大新能源汽车示范应用规模和范围。汽车行业从整体上讲，也是"闻风而动"，热情空前高涨。许多企业都提出了规模巨大的新能源汽车发展投资计划，组建了专门的研发机构，建设产业化基地。从总的方面看，这些都是值得赞许的，但在充分肯定成绩的同时，人们又不能不对当前新能源汽车发展中存在的一些问题，感到一些忧虑和不安。举国上下，虽然对发展新能源汽车从表面上看都很重视，但到底应该如何发展迄今还一直众说纷纭，没有形成一个经得起推敲而为业界广泛认可的方案。在很大程度上可以说，我国从高层领导到基层企业，对发展新能源汽车的总体战略性思路还不够明晰，方向不够明确，不少企业在此方面犹豫不决，举棋不定，他们担心把成千上万的钱拿出来投错了方向。

本书作者将以十几年不间断跟踪研究国内外新能源汽车发展积累的知识和经验，结合对当前该领域发展的新认识，尝试以科学、辩证的态度，阐述新能源汽车的内涵；同时，在分析当前新能源汽车发展存在问题的基础上，依据对新能源汽车新的理论认识，更进一步提出我国新能源汽车发展战略的基本思路，并建议全国要为新能源汽车积极而健康的发展营造一个良好的社会环境。

第一节　厘清新能源及新能源汽车的概念

一、新能源的定义

从字面上讲，能源就是能（量）的来源（或源泉），即可以产生能量的物质，比如燃料、风力、水力、光（太阳）能、生物质能等等。何谓新能源汽车？简单来说，就是以新能源为驱动力（或以新能源为动力来源）而行驶的汽车。因此，要明了新能源汽车的内涵和实质，首先就要明白什么是新能源。这要从国家提出要发展新能源汽车的战略高度的出发点来理解，新能源与非新能源这两种概念的不同（或区别），主要不在于某一种能源被发现（或应用）时间长短上的差别（即是新近被发现应用的或是很久以来就已发现或应用）。这意味着，不是新（近）发现或应用的能源就是新能源，而发现或应用很久的能源就是（传统的）老（的）能源。在这里，新能源是（特别）相对于传统的化石能源而言的。如此一来，可将新能源的三个基本特征（或属性）归纳如下：其一，相对于迄今为止人类大规模应用的化石能源是新的；其二，清洁、环保、绿色的，也就是说，其使用过程无污染或基本无污染；其三，可以再生。

根据上述定义，现阶段在我国，可以称得上真正的新能源（本书称之为狭义新能源）的，主要有水能、风能、太阳（光）能、地热能、海洋能（例如潮汐能等）、（绿色）生物质能等。新能源的主要用途有三个，即发电、热利用和燃料，可用于汽车的是电力和燃料（气）。所谓生物质能，就是以生物（或生物的产品及生物的衍生物）为原料而制取（生产）的燃料（例如乙醇、生物柴油、沼气等）、利用生物质发电而获得的电力、通过生物质（燃料）直接获得的热能等。由此可以看出，生物质能用于汽车的可能性和现实性还是很高的，不应被忽视。其他几种狭义新能源，一般情况下，很难（或较难）作为常规动力被直接利用，均需用之生产电力才能被大规模应用。从这个角度来认识，发展以风能、太阳能等为代表的取之不尽、用之不竭的可再生能源，就是为了获取清洁而无可限量的电力，这已成为世界许多国家（地区）的重要发展战略选择。也正是在这种大的背景下，世界各主要国家以及各大汽车公司，才竞相发展电动汽车，汽车驱动电力化是世界汽车未来发展的大趋势之一。就我国而言，国家把以纯电驱动作为新能源汽车发展的（长远）战略取向，这对推动汽车产业转型升级，培育新的经济增长点具有重要意义。

二、生物燃料和生物燃料汽车

现今阶段，可用于汽车的生物燃料主要有乙醇、生物柴油、沼气之类的燃气等，其使用效果并不完全相同。综合各种文献资料和不同专家的看法，笔者对此的认识如下。乙醇单独使用（如巴西那样）或以一定比例加入普通汽油，其使用效果与汽油大致相当（动力性稍差），排放量总体上较低。该生物燃料的主要优势，在于已有的（制备）生产技术比较成熟，原料来源比较广泛，将其用作汽车燃料的基本出发点（或目的），主要在于替代供应日益紧缺的石油燃料，同时在一定程度上降低汽车排放。因此，从这一观点出发，将之称为较优替代生物燃料，使用这种燃料的汽车就称为普通（较优）替代燃料汽车。生物柴油总体上比普通柴油清洁，其燃烧后产生的有害物质较少。将该种燃料用于汽车，其目的，一方面在于替代石油燃料；另一方面也能比较有效地减少排放。基于此，可称其为清洁替代燃料，以此为燃料的汽车就称作清洁替代燃料汽车。以沼气为代表的生物燃气等用于汽车，其使用效果与天然气相类似，亦可算作清洁替代燃料，以此为燃料的汽车也称为清洁替代燃料汽车。按照这种新能源定义，生物柴油和沼气等（燃气）汽车亦可归属于广义新能源汽车。

三、电与电动汽车

从纯粹的学术角度而论，电并不算（一次）能源，只是一种能量，它必须通过或经由别的物质产生。由此，说电是能源并不严谨。当然，如果把此概念的衡量尺度放宽或扩大一些，以科普、大众的眼光看，那么电也可以权且称作能源。但电是否属于新能源的范畴，这还要具体情况具体分析。按照上述新能源应具备的三个基本特征（或属性）来评判，那就要看电的来源是什么。假若电的产生是靠化石能源（例如煤、石油等），就不能称作新能源；若电来自水力、风力、太阳能、（绿色）生物质能、地热能等可再生能源，那么它就算得上是新能源。有些人把核电也列为新能源，但仔细推敲起来，此论也不够严密，甚至难以成立。权且不谈核电站有可能发生的核污染、核辐射等甚为严重的事故危害，单就核发电不可缺少的铀而言，铀矿是不可再生的，并且地球上的资源据有关文献称仅够全人类再使用 50 年。因此，仅从这个角度上看，核电也不能算作真正意义（或狭义）上的新能源，最多只能称得上是广义新能源。如今，人们正在研究试验以可控式热核聚变方式发电，探测月球尝试开发其拥有的 He3 资源，以用作核发电的燃料（据称可供人类使用一万年）。只有这样的核电才能算作新能源。如此看来，笼统地说（纯）电动汽车就是新能源汽车，也并不完全正确，多多少少缺乏一些专业学术上的严谨性。只有像德国，以可再生的、清洁环保的风能、太阳能等为电之唯一来源的电动汽车，才算是真正（或狭义上）的新能源汽车。从长远的战略上讲，我国未来较大规模普及应用的也应是这种新能源汽车。

现今和今后相当长的一段时期内，我国使用的电力还主要是火电（占比约为 70% ~ 80%），燃用的仍是煤炭等化石燃料。以火电为驱动力的电动汽车（本书称之为广义新能源汽车），从能源的全寿命周期看，的确没有真正发挥节能减排的效用。业界也有人如此解释，称传统的汽柴油汽车多在人口密集的地域行驶，污染危害大，而电动汽车在使用阶段（过程中）基本无污染，其所用火电的污染在发电时可集中控制减排乃至完全消除。理论上是可以这么说，但如今在我国还基本上没有做到，煤洁净技术的大规模应用绝非短期内能够实现。当然，考虑到我国的具体情况，为攻克并最终掌握有关的核心技术和取得产业化的实践经验，作为策略适当发展（即以合适的规模普及应用）广义电动汽车也是必要的。

四、氢与燃料电池电动汽车

氢作为一种化学元素，其来源和分布极为广泛，理论上讲，取之不尽，用之不竭。但氢一般是以化合物的形式存在于自然界，制取和存储都是一种十分困难和麻烦的事。氢本身的使用过程（例如，作为氢发动机汽车的燃料之燃烧以及作为燃料电池的燃料之化学反应）是清洁、无污染的，但常规状态氢的制取（尤其是以化石能源为原料），不但耗能，而且也有一定的污染。如此来看，在确定氢是否为新能源，氢发动机汽车和燃料电池（电动）汽车是否属于新能源汽车时，需要特别谨慎。

由上面的有关定义和论述可知，氢和电一样，也不是一次能源，而是依赖（或借助）于别的物质产生（或制取），是一种二次能源。为了叙述的方便，在这里，也与电一样，权且称其为能源。如果采用传统的化石能源（例如石油、天然气等）而制取氢，那么其肯定不能称作新能源；但若是利用工业废气等（比如钢铁工业的副产品——焦炉气，此种物质过去在我国一般都不加以利用，而是白白烧掉）来制氢，则可另当别论而给予专门的定义。因为这是废物利用，是一种既经济又节能环保的生产方式，符合循环经济的原则，值得提倡和大力推广。所以，由此而获得的氢可以称作（广义的）新能源。另据有关国外科技文献介绍，最近，澳大利亚的科学家在复制光合作用研究时，发现了一种普通矿物质，可在通过阳光将水裂解成氢和氧的过程中起到催化作用。该发现有助于使现有制氢工艺技术获得重大突破，使利用阳光和水（也可以使用无需担心资源枯竭的海水）而大规模生产氢成为可能。假设该项技术有一天真正完全成熟和适用化，那么以此方式而制取的氢，就可以称之为（狭义上的）新能源。前些年，国外曾有人提出过一个所谓"氢经济"的概念。在笔者看来，若氢的制取还主要是依赖化石能源，那么氢经济时代就不会到来，但如果是通过阳光和水经济又环保地获取氢，那么氢经济也许会真的出现。此外，如世人所尽知的，通过电解水可以获得氢，但这会耗费大量电力，以人类现有的技术水平，以电而换取氢可能得不偿失，在目前我国"缺电"的情况下，以此法制氢而保障供应并不可取。但若未来由可再生清洁能源而生产的、作为狭义新能源的电力供应十分充足的话，那么电解水制氢（这种氢亦可称为狭义新能源）技术的推广应用将成为可能，这也许有助于所谓的"氢经济"的兴起。

在明确了氢不同的制取方式决定了其作为能源的属性和归类之后，接下来就很容易确定氢发动机汽车（即与传统内燃机无根本性差别的发动机燃用氢的汽车，其结构与传统汽车无大的差别，但排放几乎是零污染）和燃料电池（电动）汽车的属性和归类了。这也就是说，以作为狭义和广义新能源之氢为燃料的氢发动机汽车及燃料电池（电动）汽车是新能源汽车，否则就不是或不完全是新能源汽车。

五、节约（的）能源与节能汽车

能源的利用是否高效与节俭，是衡量一个国家经济与社会发展程度和科技水准高低以及精神状态如何的一个重要标志。许多先进的发达国家都把提高能源利用效率与节约能源作为其经济及社会可持续发展战略的重要追求目标和措施。我国在20世纪80年代提出的"节能与开发并重，把节约放在优先地位"的能源发展总方针是完全正确的，在今天仍需遵守执行。种种事实都已充分说明，能源短缺和环境污染，已经成为我国经济进一步发展的巨大障碍。应对之策，除了积极开发新的清洁能源之外，就是要实行更加积极和严格的节能政策。

环顾全球，国际上现今流行这样一种很值得推崇的观点，就是把节约（的）能源视为与煤炭、石油、天然气和电力同等重要的"第五种能源"。以笔者的理解，在这里，节约（的）能源包含两层意思：一是通过提高利用效率而实质上减少了能源的消耗量，增加了能源的供应数量和使用价值，以此方式节省的能源，一般通过技术进步等措施而取得，会付出一定成本；二是从珍惜能源出发，不挥霍、不浪费，把可用、可不用的能源省下来，用到更需要的地方去，由此而获得的节约（的）能源，往往并不需要成本，只不过是转变观念，改变一下不科学、不合理的工作（作业、操作等）或生活方式（不良习惯）即可，这种人人都能做得到的节能方式更应该提倡。由此观之，完全可以认为，节约（的）能源是最清洁、最环保、成本最低（或较低）的能源，同时，也是弥足珍贵的能源。诚然，按照上述新能源的定义来衡量，节约（的）能源不太好笼统地称作新能源，但基于对节约（的）能源这种新的认识，再加上节约（的）能源永不会停止或消止，那么也算得上是可再生能源。所以，本书特把节约（的）能源也归入新能源一类，可称之为广义新能源。

　　与以电力为动力的汽车叫电动汽车、以氢为燃料的汽车叫氢动力（或氢发动机）汽车的命名有所不同，节能汽车并不是单纯的（或仅仅）以节约（下来的）能源为动力的汽车。在本书中，节能汽车是相对于（狭义）新能源汽车而言的，虽然现阶段仍以化石能源（主要是汽、柴油等）为燃料（或主要以化石能源为驱动力，辅之以其他动力），但能源利用率比较高，节能优势比较明显和突出而有别于普通的传统汽车。这也就是说，所谓节能汽车，就是节能环保性能好或比较好的（以满足国家不同阶段相关标准或规则为依据）传统汽车。按照本书的这一创新性论述（或理论），就比较容易理解国家为何把节能汽车与新能源汽车相提并论而同被确定为新时期我国汽车可持续发展战略的重点支持对象了。

目前，我国汽车技术性能虽然获得大幅提高，但与国际先进水平相比仍有不少差距，例如，百公里油耗要比欧、日、美等高10%～30%不等。不过，这从另一个侧面也说明了我国汽车节能的潜力还很大。据国家有关研究部门预测，中国汽车近期内节能还主要依靠传统汽车的节能贡献，十年内，来自于传统汽车能源效率的提高，将占整个节能贡献的80%左右。由此也可以看出，在我国发展节能汽车有多重要了。这也就是说，没有节能汽车，不发展节能汽车，中国汽车业的节能几乎是空话（或空谈）。

六、新能源汽车的内涵与种类

根据上述定义和原则，本书所指新能源汽车主要涵盖以下类型的汽车：

● 以作为广义新能源的生物（质）燃料（气）为燃料的汽车。

● 以称为狭义或广义新能源的氢为燃料的氢发动机汽车和燃料电池（电动）汽车。

● 其驱动电力归属于狭义新能源的电动汽车。

人们通过各种媒介或资料所了解到有一种叫做太阳能汽车的车辆，当然也属于（狭义）新能源汽车。其主要特征是，驱动汽车的电力来自于覆盖车顶的太阳能电池板。但此种车现阶段还远未达到实用化，只是作为一种科研试验型的概念车呈现在人们面前。例如，2001年，上海交通大学曾研制出一辆纯太阳能（电力）驱动的思源号太阳能汽车，在太阳能下充电4h，可行驶1h的路程。最近，澳大利亚研制出一辆时速为84km/h的太阳能汽车。人们期待，随着科技进步，太阳能（电动）汽车电池板发电效率将得到大幅度提高，其电力强大到足以驱动其与传统汽柴油汽车一样行驶和使用。据认为，当前比较切实可行的利用太阳能是在传统汽车上，即在车顶上覆盖太阳能电池板，产生的电力储存在蓄电池内，以供汽车需要时使用，可代替汽车发电机工作。据称，该项技术可使汽车节能6%左右。

第二节 我国电动汽车发展存在的主要问题

一、基本情况

现今，全国上下，无论是领导层（各级政府），还是企业及研究机构，对我国发展新能源汽车的重要性都有了比较深刻的认识，积极性很高，也制定了具体的规划（或计划）。这是应当得到充分肯定的。然而，在此一派大好形势下，业界务必保持冷静，以客观的、科学的态度，分析当前电动汽车发展中存在的问题。

2011年第14期《求是》杂志的一篇文章尖锐地指出，部署战略性的新兴产业，我们与西方发达国家几乎同步。从这点看机遇是抓住了，但是从实施进展情况看，问题还比较突出。一是无序发展，一些地方热衷于铺摊子，重复投入，重复建设；二是缺乏核心技术，许多领域还处于起步和跟踪模仿外国技术阶段；三是条块分割，科技资源分散，产学研脱节……例如新能源汽车，发展方向和最终目标是什么，现在重点发展的混合动力（汽）车和电动（汽）车是不是最终产品，并不十分明确。混合动力（汽）车现在有一些进展，但技术上与发达国家还有较大差距。电动（汽）车开发刚刚起步，总体上还处于初级探索和跟踪外国技术阶段，主要设备和材料都依靠进口。发展新能源汽车下一步要集中解决哪些问题，包括技术路线问题、关键核心技术问题、投入问题、政策支持问题，必须尽快明确下来。这篇文章提出的这些问题，笔者一个时期以来也一直在思考，很为新能源汽车（确切地说是电动汽车）发展的前景担忧。笔者总觉得，在电动汽车技术尚未取得实质性突破之前，我国示范运营的摊子铺得过大，各省市、地区的发展规划也过于大胆，使此项新事业面临空前巨大的风险。据称，国家有关部门制定的目标是，至2015年，我国新能源汽车（此处实质上还是仅指电动汽车）初步实现产业化，纯电动汽车和插电式混合动力汽车市场保有量达到50

万辆以上；至 2020 年，将达到 500 万辆。与这种宏大的规划目标相比，目前的实质性工作着实显得苍白无力。

笔者从 20 世纪 90 年代中后期就不间断地跟踪研究世界新能源汽车（包括电动汽车）的发展，2000 年和 2001 年先后发表多篇文章和论著，建议国家重视电动汽车的研发（详见《WTO 与中国汽车工业发展对策研究》一书，程振彪著，机械工业出版社出版）。2001年，本人更进一步提出，中国汽车应实施"两条腿"走路的发展战略（详见 2001 年 7 月 1 日的《东风汽车报》第 23 版），即一方面重视传统汽车技术的升级；另一方面是发展新能源汽车。可以说，从那时起，笔者几乎每天都在睁大眼睛观察新能源汽车的发展动向。以个人愿望，无时无刻不在盼望电动汽车技术有大的进步。迄今，我能给出的大体结论是，从全国范围来看，自"十五"算起，电动汽车的研发及小范围示范运用至少已有十年时间，但时至今日，在关键性的核心技术领域，仍难说有十分明显的进展。对此，近期国家有关部门一位负责科研专项管理工作的中层干部也坦言（大意），过去没有搞（电动汽车）的时候，觉得很容易，现在具体做了，越往下搞越觉得问题多。汽车行业有关机构的一位领导前不久也忧心忡忡地说（大意），电池技术的突破事关电动汽车事业的成败，如果久攻不下，不要说是中国，就是整个世界（电动汽车）也没戏。此话也很值得业界深思。

众所周知，世界电动车协会主席、中国工程院院士陈清泉是电动汽车发展最积极的推动者之一，但最近他也承认，电动汽车是世界性难题，现在国外也遇到许多难题，包括技术与商业模式等方面的很多问题都没有解决（见 2011 年 7 月 25 日《中国汽车报》）。

二、电池技术瓶颈有待突破

1. 基本的技术性能尚难满足实际使用要求

电动汽车动力电池的发展先后大致经历了铅酸电池、镍氢电池和锂电池等阶段。铅酸电池的主要优点在于成本低，但能量密度也低，且容易造成铅污染，危害人们的身体健康。现在世界的发展趋势是，不再采用此类电池作为驱动汽车的动力源。与铅酸电池相比，镍氢电池具有不少优点，据认为，其能量密度极限可以提高到65W·h/kg，但这仍然不能满足市场对电动汽车技术性能的实际需要。我国发展镍电池会受到一些客观条件的限制，在我国，镍属于稀缺金属，产量很低，价格高，供需矛盾尖锐，镍类电池的生产一直受制于国外。现时，我国电动汽车上装用得较多的是锂电池。近年来，锂电池的技术水平虽然有所提高，但离实际使用要求仍然存在巨大差距。主要的问题，依然是性能差、有一定安全隐患、寿命低、成本高、自重大等。

按照业界比较普遍的说法，目前锂电池的能量密度为100W·h/kg，成本3~5元/W·h。据认为，若要使电动汽车获得一定程度的实际应用，电池的能量密度至少要在现有的基础上提高3倍左右。有关专家还进一步推算，若电动汽车要具有与传统内燃机汽车相竞争的能力，那么电池的价格就要下降至目前的十分之一，能量密度提高7倍左右。据国内外锂电池专家认为，到2025年，锂电池的能量密度可以达到250W·h/kg，这已是锂电池能量密度的极限值，很难再提高了。从纯粹的技术角度讲，只有电池的能量密度达到1000W·h/kg的水平，才有可能完全取代传统的内燃机而作为汽车的动力装置。电池的能量密度低，意味着汽车动力系统的功率不够。若电动汽车要想获得更长的续驶里程和更高的行驶速度，那么就要装更多的电池组，而此又增加了汽车自重，限制了其更高的速度和更长的续驶里程。这无疑陷入了一个怪圈——即理论上的死循环悖论。

据称，国内制造的质量比较好的动力电池寿命一般为3年左右，循环充放电次数在2000~3000次，与国外先进水平相比还有很大差距。国家"863"电动汽车重大专项动力电池测试中心主任王子冬曾指出，国内外动力电池企业产品差距比较大，从该中心的测试结果看，目前还看不出国内动力电池行业"领先"的迹象。自2005年以来，王子冬所在的测试中心对国内外100多种动力电池进行了检测，对于国内一些电池企业宣称的电池寿命能达到充放电次数 5000～6000 次以上乃至更多，王子冬表示"我们中心测试过的国内动力电池还没有达到这一水平的。从测试结果看，还是国外企业的电池寿命更长。"电池寿命短带来的直接弊端，就是需要频繁更换，由此提高使用成本。据悉，业界一辆普通电动大客车装用的电池组重约 2t，甚至更多，电池成本就占整车成本的 40% 左右。电池寿命短这种现象往更深一步讲，就是制造这么多又如此贵的电池，使用不多久就遭淘汰，成了无用之物，既浪费资源，又污染环境，危害国家和社会的可持续发展。

此外，锂电池的低温性能差，也是其技术瓶颈之一。此种电池对使用环境的温度很敏感，温度一旦低于 4℃，电池就不能正常充放电。在此情况下，汽车起动需要预热很长时间才能跑起来，且只能以低速行驶。充电时，又十分困难，甚至根本充不上，如此一来，就会严重损害电池的使用寿命。据有关媒体报道，2011 年 2 月，在北京延庆县投入示范运营的 50 辆电动出租车，因天气冷而无法加速，只能以低速行驶，遭到公众的不满和指责，给新能源汽车"抹了黑"。国家"863"节能与新能源汽车重大项目监理会咨询专家组组长王秉刚表示，现阶段，我国尚未掌握锂电池的低温技术，即使在北京的冬天，电动汽车的运行也会遇到障碍，更不要说诸如哈尔滨等那些在冬天更冷的城市了。他还认为，磷酸铁锂电池在低温（0℃以下）时，即使有超级电容辅助起动电源，电动汽车也很难正常行驶。

2. 基础性理论研究很不够

业界知名专家陈光祖曾指出，虽然我国锂电池相关技术和产品性能在不断提高，但与国外先进水平相比还有巨大差距，在锂电池管理系统和电动汽车整体匹配上，存在一些安全隐患和性能水平的不适应性，这需要从理论和实践上进行计算和探索。锂电池的一致性还存在一定问题，在原材料和零部件的设计、制造与检测水平上参差不齐，人为因素对产品质量的影响较多。另据业界有关专家分析，国内车用动力电池技术的研发制造等存在两个明显的问题：一是电池制造工艺和设备参差不齐，制造标准不一致，不同批次的电池原材料一致性很难保证；二是动力电池的关键材料（例如隔膜等）目前国内还不能生产，技术被国外垄断，电池的核心部件正极 80% 以上需要进口。业内有关专家更尖锐地指出，相关部门在电动汽车发展方面存在严重的冒进思想，过于看重市场规模，不注重基础性技术开发与研究。陈清泉院士曾用很专业的语言指出，我国动力电池技术及其研发存在两个不足：首先是缺乏深层次技术，比如电池的化学问题、物理问题、温度问题、结构问题等基础性技术都还没有解决，研究得很不够，没有能够建立数学模型把这些问题搞清楚；二是缺乏评价体系，例如电池的安全性怎样，在高温、低温环境下能不能正常工作，这些都还没有一个正确（准确）的评价。

三、电动汽车安全隐患不容忽视

电动汽车已在我国多个城市进行示范应用，其暴露出的安全问题令人担忧。可以说，这个难题至今未有一个全面、有效的解决方案，而贸然将千辆乃至万辆车投入运营，面临的巨大风险可想而知。对此，国家科技部部长万钢 2011 年 5 月在一个公众场合指出，安全是汽车居第一位的功能，一定要将安全放在电动汽车发展过程中的重要位置上；无论是研发、生产、示范运行，还是维护保养等环节，都一定要把安全工作作为一条主线。电动汽车的安全性包含两个方面：一是作为汽车所应具备的（整车）基本安全性；二是作为电动汽车的特殊（有）安全性，也就是与电有关的安全性。传统汽车整车技术已非常成熟，安全性无可置疑。但时下，许多企业和单位研发或生产的电动汽车，一般是以某种类型的传统汽车为基础（平台），把原来的内燃机及相应的传动等系统换下来，装上电池、电动部分及与之有关的控制等系统，这种以改装或改制方式构成新的车辆之后，企业自身并未重新做全套的安全及碰撞试验，整车安全性存在许多隐患。而作为电动汽车的特殊（特有）安全性，迄今为止行业对此的认识及经验更是少之又少，安全隐患之大，让人着实"提心吊胆"。看看近期轰动全国的几起电动汽车自燃事故，就能知道这种安全隐患的严重性。

1. 自燃事故不断发生

2011 年 4 月 11 日，一辆正在杭州繁华路段武林路上运营行驶的众泰朗悦纯电动出租汽车发生自燃，整辆车在十多分钟内被完全烧毁，所幸无人员伤亡。事故发生后，与这一辆属同一批次投入示范运营的出租车均暂停运营。据该市成立的相关事故调查组的调查报告称，事故原因系电动汽车所用电池集成设计有问题，在应用过程中，出现了电池漏液、绝缘受损以及局部短路等情况，起火并点燃内饰而一发不可收拾。无独有偶，2011 年 7 月 18 日，上海雷博新能源汽车技术有限公司生产的一辆 825 路"电池＋电容"双电电动公交车，在上海市长杭路靠近中山公园的一个站点附近突然自燃起火，同样庆幸的是，也没有造成人员伤亡。此次事故发生后，上海巴士集团即时停运了所有的同类型电动客车。另外，原有两辆同型号的20 路电动公交车也停止使用。上海市有关部门为此组织成立了相关的调查组，目前，调查报告尚未公布。不过，据此辆汽车的生产厂家——雷博新能源汽车技术有限公司有关人士称，自燃原因是磷酸铁锂单体电池短路而引发火灾。这一说法尚未得到上海市有关调查组的证实。

2. 电动汽车的特殊安全性技术瓶颈必须攻克

在很短的时间内，接连发生电动汽车自燃事故，在国内业界引起较大震动，公众纷纷质疑电动汽车（尤其是电池）的安全性，给新能源汽车发展蒙上阴影。有人可能会说，电动汽车是新生事物，难免会出点问题，对此应该采取宽容的态度，就是传统汽车也有自燃的。此话对，也不对。不错，人们对新生事物的成长应该营造一个比较宽松的环境，允许失败，不能因为出了些差错就一棒子打死。但把电动汽车的自燃与传统汽车的自燃相提并论是不科学的。虽然谁也不能说传统汽车今后就不会再发生自燃事故，但总体讲，市场是完全相信传统汽车是安全的，技术上是成熟的，即使发生自燃事故，那也是个别的偶然现象，不会给传统汽车的信誉造成什么伤害。而电动汽车就不同了，自燃事故很可能是其技术不成熟的一种必然现象（或者说是一种反映）。发生这样的事故，很可能表明我们对电动汽车这一事物的本质了解得还不够深透，对动力电池的基础理论也没有完全弄明白，更不要说去掌握其安全技术了。在此方面，我们仍然是一个似懂非懂的"小学生"。近期业内一名从事电动汽车研发的权威专家称，大家都说锂电池成为电动汽车的动力电池最有希望，但锂电池在使用过程中存在爆炸隐患，且制造成本居高不下，其安全性和经济性何时能满足商用要求仍难以预测。

针对这种情况，国家科技部万钢部长也坦承，电动汽车刚进入市场，我们对电池、电机、电控以及一系列运行规律的认识还不够深刻，需要加强这方面的研究。据清华大学汽车研究所所长、电动汽车专家陈世全讲，他参与了我国首辆纯电动汽车的研发工作。就是这辆车，放在车库时发生了火灾。最后查明原因是连接 12V 辅助电池的一根导线由于长时间的路试，外面的绝缘被磨破后引起短路，把旁边的电线引燃而发生火灾。相类似的一幕，在 20 世纪 90 年代笔者也曾看到过二汽（东风汽车公司）研制的一辆纯电动轿车放在车库里发生了火灾，被严重烧毁。据有关文献称，粗略统计，2001～2005 年，全国发生过七八起电动汽车起火事故。陈世全认为，电动汽车最大的安全问题，一是电池本身，二是高压线路。现在国内生产的单体电池一致性很差，一个电池发生泄漏会影响到旁边的电池，造成电池组内部短路，甚至发生爆炸。另有一些专家认为，纯电动汽车的电路是一整套系统，线头会因摩擦而起火，或者车辆起动时瞬间电流过大等，都有可能引起电池燃烧。电动汽车充电时，时间一长（尤其是在夏季高温时），电池就会过热等，由此也可能会引发一系列意想不到的可怕事故。电动汽车所用电池、电机的电压有几百伏，属于高压电，一旦发生漏电现象，将非常危险。下雨天，尤其是伴有雷电时，对电动汽车的安全使用危害也很大。据有关记者在2010年上海世博会期间实地调查称，多名电动汽车驾驶人员对其讲，下雨天开车很危险，尤其是超级电容电动汽车。北京理工大学一位长期从事电动汽车研发工作的专家称，电磁兼容是最容易被人们忽视的电动汽车安全问题。所谓电磁不兼容并非指收音机等不正常工作，而是电动汽车出现的随机操作失灵，这将引起严重后果。这位专家认为，从总体上看，目前国产电动汽车需要消除四个安全隐患：车辆碰撞和机械故障而引起的电池爆炸、电磁干扰导致车辆自动制动或熄火、电池燃烧、高压漏电等。

在2011年的上海汽车展览会上，瑞典沃尔沃汽车有限公司研发部安全战略与需求高级经理杨·伊瓦森称，在安全方面，对电动汽车和传统汽车的要求是一样的。例如，传统汽车要求碰撞试验后油箱不能漏油，电动汽车要求碰撞后电池不能漏电。此外，电动汽车对碰撞后电池的完整性也有要求。据伊瓦森介绍，按照瑞典国家有关部门的规定，电动汽车正面碰撞试验后，要求电池和电线不能损坏（损伤）；发生碰撞时，需要立即断电，在50ms内实现，使电池与其他部分隔离起来。据称，在世界汽车业界，除沃尔沃公司做电动汽车碰撞试验外，其他一些国际汽车厂商也做此项试验，如通用的增程式电动汽车沃蓝达和日产的聆风纯电动轿车等都做了相类似的试验。通用沃蓝达于2011年5月进行过碰撞试验，试验时，未发现什么异常现象，但3个星期后，试验过的那辆车，却在停车场起了火。初步判断火灾起因，是车辆配装的锂离子电池因碰撞而损坏。由此可以看出，即使国际上比较成熟的电动汽车产品，其安全性问题也没有完全解决。而在我国，据最新消息称，除在2012年元月，长安对一辆电动轿车做了碰撞试验外，还没听说有哪一家企业对自己的电动汽车产品做过同类型的试验，已上市的那些电动汽车也没有做过如此的碰撞试验。因此，公众对电动汽车安全性的担忧完全在情理之中。另据有关文献介绍，国外有些公司为了检测电动汽车电池的短路隐患，还要做汽车颠簸10万次焊接点不脱落的试验。而在我国，电动汽车生产厂家也几乎都不做这样的试验。上面已提及的动力电池测试专家王子冬最近也提出，我国现在很多用在纯电动汽车上的电池组都没有经过验证和检测，没有做过抗冲击试验、高温试验，没有完整数据，就仓促放到汽车上进行示范运行，这不出事那才怪呢。

关于电动汽车的安全问题，有关领导和专家都提出了很好的改进意见。除此之外，笔者还建议：一是在没有彻底解决电动汽车安全问题的情况下，国家投入示范运营的各类电动汽车数量应严格控制，至少在现有规模的基础上，不要再增加；二是对示范运营车辆的驾驶人员进行电动汽车相关知识和操作技术的系统全面培训，应当使他们明白，驾驶电动汽车与传统汽车有较大的不同，一定要掌握相关用电知识和应急处理的技能。在一定程度上，他们其实就是电动汽车科研试验人员，应视这些示范运营车辆为科研试验车辆（最好在示范运营车辆的明显部位挂上本车属于"试验型示范运营"的牌子）。这样来看待和处理，一定能够提高相关人员和公众的警觉，有助于减少事故的发生。

四、电动汽车发展面临缺电的现实

笔者曾在 2007 年 8 月 30 日所著的《我国清洁替代燃料汽车技术发展战略的选择》专题研究资料中指出，目前，我国大力加强电动汽车技术研发和以一定规模进行示范运用是十分必要、恰当的，但若在近、中期内就要大面积的推广普及则是不现实、不恰当的。之所以说推广普及条件尚不具备主要有以下两个原因：一是电动汽车的技术障碍未获（实质性）突破；二是电力供应没有充分保障，在"电荒"困局下，电动汽车的节能（或者更确切地说是替代石油燃料）、环保优势不明显，或者就根本表现不出来。这一论断可以说经受住了四年时间的"考验"，即使用当今的观点来衡量，也是切合实际的，没有过时。

1. "缺电"将是我国经济生活的一种常态

进入 21 世纪，自 2003 年出现大面积的全国性电荒以来，可以说我国就一直未真正摆脱过"缺电"之困，并且有加剧之势。过去，"电荒"一般从夏季用电高峰开始，而2011年却提前到一季度的淡季来临，不少地方不断有拉闸限电的现象，民众"怨声载道"。2011年的"电荒"不仅波及经济比较发达的地区（例如浙江、广东、重庆、江苏、湖南、湖北等），还蔓延至经济较落后的省、区（如贵州、青海等），全国有10多个省、市、区缺电。

据认为，如果国家不下最大决心落实科学发展观，下大力气真正转变发展方式和调整产业结构等，那么我国的"电荒"绝非是暂时性的，很可能会成为经济生活中的一种常态。业内有关专家称，今后很长或较长时期内，至少在整个"十二五"，全国供电紧张局面难以缓解。

2. 能源禀赋及电力结构决定我国短期内难解"电荒"之困

据有关文献介绍，当前，我国电力供应约77%来自于煤电，16%是水电，2%左右是核电，其他化石能源电力占4%，余者仅约1%来自风力、太阳能、生物质能、地热等可再生能源。由此可见，煤电占绝大部分。现在，全国煤的年产量已高达30多亿吨，几乎到了产能的极限，再大幅度增长是不现实的，也不符合国家科学发展的政策导向。据有关专家介绍，在我国目前年30多亿吨煤产能中，只有一半符合安全、高效、环保的"科学产能"的标准。这意味着，在某种程度上可以说，利用另外一半的煤产能是弊大于利，再扩大煤产量及其供应量，是有害无益或者是害大益少。为了保证煤炭供应，国家已开始较大量的进口，虽然我国也同时出口一定数量的煤炭，但"进"大于"出"，我国已成为煤净进口国。尽管从国家的战略角度看，这完全是正确的，但也从另一个侧面反映了我国煤炭供应的严峻形势。

资料显示，我国水力资源相对比较丰富，继续开发水电的潜力还是存在的。然而，鉴于我国水资源越来越短缺的严峻形势，水电供应能力的提升受到很大局限。况且，不顾生态环境的客观状况（尤其是那些生态极为脆弱的地区）而无限制地修建大坝而带来的一系列负面影响和长远的不良后果，已招致越来越多的批评。此外，水电受季节、气候因素的影响很大，在当今极端气象频繁发生的情况下，在不少地区，水电在一定程度上已变成不能完全指望的、可全天候稳定供应的电源之一。

增加电力供应的另一个途径是发展核电。从前面的介绍中可以看出，目前核电在我国电力结构中的占比还比较低，继续发展的潜力也比较大。正因为如此，近年来我国制定了比较宏大的核电发展规划。有消息称，在未来一个比较长的时期内，全国将建约 300 座核电站。甚至像比较缺水的湖北咸宁、浠水，河南南阳、信阳等内陆地区，也都争着要建核电站。这是否是解决我国缺电的最佳方式呢？笔者的观点，实际上与中国科学院院士、物理学家何祚庥不谋而合，其最近发表文章称，坚决反对在内陆建核电站。在本书中，笔者为何未将核电列入新能源范畴呢？其一，因为核电不可缺少的铀资源是不可再生的，并且我国储量稀少。国际上，也有持相同观点的，例如，丹麦现在开始实施的节能技术与新能源发展战略中，就不含核能，即该国认为，核能不属于可再生能源。其二，核电看似清洁，但往深处看，其是"不清洁的"——即核污染危害的隐患极大，风险极高。如果说前苏联切尔诺贝利重大核泄漏事故还未使人们对此引起高度警觉，那么 2011 年因日本大地震而引发的福岛核电站空前巨大的核泄漏、核污染灾难，总该给人类发展核电一个警钟长鸣的清醒认识吧。据有关专家研究，核辐射、核污染的主要危害还不在于当时事故现场有多少人伤亡，主要在于其污染危害可以延续成千上万年。有些危害的恶果在当代可能表现不出来，而要等到下一代、二代……直到 N 代才显现，这才是最可怕的。有专家称，弄得不好，最坏的情况是，受污染危害严重地区的人们有招致种族灭亡的可能。这意味着，当代人无论如何不能因为自己要享受比较舒适的生活而不计后果地发展核电。基于发展核电难以完全避免的核泄漏的严重危害，德国已正式宣布将于 2022 年完全中止核电；瑞士也计划在 2034 年前全面放弃核电。思维和做事都很严谨的德国人和瑞士人的这一决定，值得我们深思。此外，俄罗斯等许多国家都将调整核电发展计划。诚然，权衡利弊，我国在一定时期内还不会停止核电发展，但必须是以保证绝对安全为大前提。这就是说，中国肯定会重新审视其原有的核电发展计划。为整个中华民族子孙后代的安全计，放慢原来快似奔跑的核电发展脚步，是高瞻远瞩的明智抉择。

与上述的各种能源相比，风能、太阳能、生物质能等用于发电，不但清洁环保（当然，用全寿命周期的观点来衡量，这样的电力也不是没有一点污染，因为在制造风能、太阳能发电材料和设备等过程中，不仅要耗能，同时还会有一定的排放污染），而且在自然界是可以再生的，资源充足。从长远看，是解决我国缺电的根本出路。但在近、中期内，这些新能源的大规模、大面积的利用，条件还不完全具备，尚有不少技术难题需要解决，目前的成本还比较高，要保障稳定供电还需同时发展智能电网等。所有这些，都不是一朝一夕能够办到的。这也就是说，在相当长的时期内，可再生能源在我国的电力供应中，还难以扮演主要角色。另据有关资料介绍，国际上正在研究可控热核聚变发电技术（类似于太阳释放能量的过程），一旦成功，电站不会再发生熔化事故，也无放射性废料产生，可为人类提供持久清洁的能源。但该技术何时能取得突破，尚不得而知，目前，只是处于基础理论试验研究阶段（例如，由多国合作在欧洲建造国际热核聚变实验堆，就是进行这种科研工作必不可少的设施之一）。该技术要达到实用，至少是20年之后的事。

通过前面的概括论述可知，在缺电（有时候是严重缺电）的情况下，大规模普及使用电动汽车是不切合我国具体国情的。就全国范围而言，市场投放50万辆电动汽车，不会对电网负载造成什么特大的影响。但若发展到500万辆，那情况就不一样了。如此多的汽车，跑起来需要的电量十分可观。假设一辆车一年消耗1.5t的燃油，那么这么多电动汽车一年总的耗电量就是与750万t成品油所发的电量相当。时下，许多省、市、区闹"电荒"，时不时就拉闸限电。一些单位（企业、机构或个人）为了能够用电，纷纷用柴油机自己发电，这相当于是用了电动汽车节省（或替代）下来的燃油，而且降低了燃油的利用效率，反而浪费了一定量的能源。如此来看，这也有悖于发展电动汽车的初衷。从技术的角度讲，内燃机汽车可以使用的燃料主要有两种形态：气和液，其中，最适合用的、且最安全、最简单的应是液态燃料，用电能来驱动汽车最复杂、难度也最大。由此可知，在我国这种缺电情况下，硬要大规模发展电动汽车，是多么的不科学。

第三节　我国新能源汽车发展战略的选择

本书此节的内容，可以说是对笔者前一阶段一系列关于中国新能源汽车发展战略对策建议的更深入、更全面的系统补充，同时，也有一些理论认识上的创新。

一、科学认识和界定新能源汽车

通过深入研究不难发现，汽车行业乃至全国范围，在对什么是新能源汽车的理解和认识上并未达成比较一致的共识，争论颇多；人们对新能源汽车的内涵也没有完全搞准或弄清楚。换言之，就是对新能源汽车还没有一个科学、正确的定义，而此又恰恰是至关重要的，是做好此项事业的第一步和出发点。例如，一些人就认为（或在行动上就是这么做的），发展新能源汽车就是发展电动汽车，把电动汽车完全等同于新能源汽车。业界某人士甚至更武断地说，电动汽车是中国汽车又好又快发展的唯一选择。由此可以看出，如果不能科学、准确地认识和了解新能源汽车的真实内涵，那么，一来难以制定正确的新能源汽车发展战略，进而使行动偏离正确轨道，造成难以想象的资源浪费；二来会自堵发展思路，使新能源汽车的路子越走越窄，最终可能陷入死胡同。

为此，笔者建议：国家宏观发展战略决策部门应组织全国各个领域的专家，包括能源、资源矿产、汽车、环保、电子信息、材料、工程、生物、物理、化学、宏观经济研究等一系列领域，在充分、全面、系统了解和掌握世界新能源及传统汽车以及新能源汽车最新发展知识与技术的基础上，结合我国具体的实际情况，对新能源汽车进行定义（或界定），明确新能源汽车的具体内涵。该认知方案建议在广泛征求全国各界人士的意见后，通过一定步骤和程序，最终形成一个比较统一的理论认识，以作为国家制定新能源汽车发展战略的重要依据。

二、阶段不同，发展重点也不同

1. 对有关问题的基本理论认识

当下，国际国内学术界一个基本的共识是，以石油为代表的传统化石能源正在告别其发展的黄金时代，开始走向下坡路。这是因为：一方面，其过度使用消耗，引起的环境污染和气候变暖局面日趋加剧，形势严峻；另一方面，因其不可再生性而储存量逐渐萎缩，且预期总有一天会枯竭，油价长远总的趋势是高企，开发利用新能源是大势所趋，世界汽车也将从主要依赖石油燃料逐渐向利用新能源过渡和转变。然而，此种过渡和转变不可能在短期内完成，其由量变到质变的过程将是较长时期的和渐进的。即便按国际上曾流传的"世界石油资源还够人类开采使用40~50年"的说法，那么此转变和过渡期至少应是35年左右的时间。因此，对发展新能源汽车必须持有很强烈的紧迫感和危机意识，但操之过急，认为这种转变会很容易实现，也是极其有害的，"欲速则不达"。中国发展新能源汽车，归根结底是为了解决我们自身的问题，满足自己的需要。所谓"跨越式发展"，或者"弯道超车"，那其实是踏踏实实做好之后的必然结果，在没有实际做或尚未做好之前，过多地说这一类话并无实质性的意义。为切实推动我国新能源汽车事业积极稳健发展，务必结合我国实际情况，按照近期（5年左右）、中期（10年左右）、远期（15年及更远）三个不同阶段，确定新能源汽车的发展内容及其重点。

另外，国际国内学界对未来一个很长时期（包括从主要依赖石油燃料到基本摆脱对之依赖的过渡期及以后的较长时期）汽车能源发展趋势的重要认识是，将没有任何一种能源可以单独取代石油类似于迄今为止那样的绝对垄断地位而扮演"一能独大"（或"一枝独秀"）的角色，将来必定是多种能源并举的格局，各自既发挥独特优势，又能互为补充。

根据本章第一节新能源及新能源汽车的定义，以狭义新能源为动力或其驱动力来自狭义新能源（也就是真正意义上的新能源）的汽车，是我们未来发展最值得追求的目标和方向。这也就是说，这一类汽车，就是新能源汽车发展的最终产品。具体讲，这些汽车是：驱动电力来自于狭义新能源的（纯）电动汽车；氢能汽车，即以作为狭义和广义新能源之氢为燃料的氢发动机汽车和燃料电池（电动）汽车：绿色生物燃料汽车。通过分析可知，在这些新能源汽车当中，似乎可以这么说，越是其使用的社会效果（益）好（诸如清洁环保、能源来源广泛等）、人们对之的期待高，而以现今的眼光看就越不成熟，发展的难度和技术障碍也越大，成本也越高。相比较而言，清洁的、属于广义新能源的绿色生物燃料汽车的使用环保性虽然没有其他类型的汽车好，但由于其整车结构与传统汽车无根本性差别，因此，技术上是成熟的，无大的技术障碍，只要（绿色）生物燃料的生产成本较低，则汽车总的使用成本也就会较低。同理，氢发动机汽车也是基于传统内燃机汽车而发展起来的，亦无重大技术障碍，主要的问题在于作为燃料氢的制取与供应，这在很大程度上决定了此类汽车成本的高低。通过对上述两类汽车的介绍可知，即使至很遥远的未来，在化石能源（尤其是石油）的主导地位被新能源所取代，传统结构形式的内燃机汽车也不会消失，它将在多元化能源时代中，与其他新能源汽车共同发展而继续为人类服务。这一基本认识，对我国新能源汽车发展战略的选择具有重要意义。对此，电动汽车专家吴志新博士与笔者可谓是"英雄所见略同"。他很幽默地说："我这辈子看不到内燃机的消亡，将来电动汽车普及之后，内燃机汽车也不会消亡。如果全都用电动汽车，那么国家会很不安全，一旦用电出现问题，交通将陷入瘫痪"（见 2011 年 5 月 16 日《中国汽车报》）。

当下，不少专家还对我国未来新能源汽车的市场份额发展做了种种不同的预测。在笔者看来，这其中的不少预测缺少科学依据。其结果是，预测得越具体，越可能使预测者陷入尴尬境地。如果硬要预测的话，那么笔者的预测是：无论是世界还是中国，从总的情况看，新能源汽车的市场占比将基本与新能源占市场上总能源（传统能源＋新能源）的比例相适应（或接近）。

2. 近期（5 年左右）发展概要

首先，要大力发展被本书归属为广义新能源汽车的节能汽车，同时，还要大力推广使用以天然气汽车为代表的清洁替代燃料汽车（以下段落还将详述）；以积极的态度，稳健发展属于广义新能源的清洁生物燃料汽车。其次，鉴于（纯）电动汽车和燃料电池（电动）汽车技术目前尚不成熟以及存在的其他问题（如本章第二节所述），近期的重点在于加强研发力度，尽早攻克关键性核心技术（例如电池技术等），在此之前，不宜扩大电动汽车产业及示范运用规模。再次，高度重视汽车轻量化的技术进步及普及推广，应当明白，轻量化不但对传统汽柴油汽车提高节能减排性能十分重要，而且也关乎电动汽车的未来发展前景。现在，许多人把电动汽车技术攻关的重点放在电池上并没有错，但只依靠于此还是不够的，如果车辆的自重（在保证绝对安全的前提下）不能大幅度减少，那么其续驶里程和车速也难以大幅度提高，最终可能使电动汽车发展陷入"死胡同"。最近，对发展新能源汽车一直都很积极的德国宝马公司，相继推出两款完全不同于普通轿车结构的碳纤维电动汽车（轿车），均采用超轻的铝合金底盘和加强型碳纤维车身，较同类型的普通轿车轻 250～300kg。笔者认为，该公司的实践对我国端正电动汽车研发思路有一定参考价值，或者是某种提醒。另据有关的研究也表明，轻量化技术对于提高电动汽车性能的必要性和迫切性，甚于传统汽车提高节能减排性能的必要性与迫切性，且电动汽车实施轻量化技术改进的空间（余地）和效果皆优于传统汽车。最后，对属于广义新能源汽车的氢发动机汽车技术的研发试验给予应有的重视，在作为广义新能源的氢燃料供应充足的地区，可以适当规模示范运用氢发动机汽车，这在一定程度上，也可以说是为燃料电池（电动）汽车的示范运用作准备。因为两者皆以氢作为燃料，完全可以共用一套供氢基础设施，从而降低两者的使用成本。

3. 中期（10年左右）**发展要点**

其一，坚定不移地采取一切必要措施和手段，继续发挥节能汽车的节能减排作用，提高其普及应用比例，争取社会上保有的所有传统汽车均是（或绝大多数是）节能汽车。其二，继续普及应用作为广义新能源之绿色生物燃料汽车和其他清洁替代燃料汽车。其三，在关键技术获得比较重大和实质性突破、安全用车有保障、社会服务配套设施初步建立并逐步完善、先前的示范运营比较顺利、电力供应紧张局面有所缓解等的前提下，适当扩大（纯）电动汽车的应用规模和普及程度，积极推进其产业化进程。其四，加快燃料电池（电动）汽车技术进步，相应推进示范运用工程建设。其五，随着清洁电力的发展和制氢储氢技术的进步，适时扩大氢发动机汽车应用规模。对此，笔者还有一个更为大胆甚至是颠覆性的设想。假设电动汽车的动力电池技术"久攻不下"或未获重大突破，技术性能的提高仍与人们的期待有较大差距，致使电动汽车（在无强大的政策扶持下）仍难以为市场（尤其是私人用户）接受，那么这也许表明，迄今为止的传统结构型式及工作原理的电池作为蓄能器而用作汽车（主）动力装置并不合适。在电动汽车发展、探索阶段，在密切关注世界新能源汽车技术（尤其是电池技术）发展动向的情况下，有必要适时调整我国电动汽车发展思路。可能出现的情况（或者说可选择的方案）：一是修正传统电池（即现今的诸如铅酸、锂电池等）作为汽车（主）动力的固有思维，转而开发完全新型的电力存储装置或系统；二是将这种结构型式的传统电池用在从愿望上讲几乎可以与传统汽车相媲美的（高速）电动汽车上，改为主要用于在特定范围（或区域）内行驶半径较小、车速较低、总重较小的客、货运载工具（或称作车辆），主要包括小型、轻型载客车辆，可作为目前我国居民广泛使用的电动自行车、燃油摩托车等升级换代产品的（轻）微型电动轿车、电动货车、电动中小巴士，以及与此相类似的在旅游景区使用的场地车，承担货物转运"摆渡"功能的电动运输工具等。由于这一类车（或运输工具）就全国范围而言，其市场规模还是比较大的，在一定程度上，可以替代出一部分石油类燃料而有助于达到国家节能减排的总目标。不过，应用在这样的较低速度的车辆（或称作运载工具）上，从理论上讲是可行的，但在实际操作时却不容易，可能会给交通管理带来诸多困难及安全隐患等。对此，国家有关部门还需综合考虑并权衡利弊之后，再决定究竟怎样做才是最恰当合理的。如果说到要研究开发结构与工作原理完全新型的电能存储器（系统或装置），那么笔者还有一个考虑可供讨论。前面已经提及，氢不是一次能源，而是二次能源。由此，也可以认为，氢是一种能源的载体，如此，亦可进一步理解为它是一种能量存储器。未来，假若可再生的清洁能源的电力十分充足，那么就可通过电解水制氢（同时获得的氧也很有用处）。这样，在一定意义上，就可以理解为以氢这种能量载体存储富余的电能（电力生产出来不用也会白白"流失"）。由此观之，将来有了丰富的氢能来源，随着储氢技术的进步及供氢基础设施的完善，氢燃料成本将明显下降，氢发动机汽车与燃料电池（电动）汽车将会得到较快发展和广泛应用。

4. 远期（15 年及以远）**展望**

在更进一步提高新能源汽车技术性能、降低成本、完善使用的社会环境与条件的情况下，扩大其应用范围和市场份额。力争在2035 年前后，以属于狭义和广义新能源之氢为燃料的氢发动机汽车和燃料电池（电动）汽车、驱动电力来自狭义新能源的电动汽车、作为广义新能源之生物燃料汽车等逐步占据汽车市场主导地位；汽车能源从主要依赖石油到摆脱依赖的过渡目标基本达成。然而，人们还需明白，新能源汽车的远期发展还存在诸多不确定性，远期目标能否实现，在很大程度上取决于近期、中期的发展状况。因此，我国新能源汽车发展战略的选择与制定，既要高瞻远瞩，着眼于长远，也要洞悉和谋划好中期，更要立足于当前（近期），一切从自身实际出发，一步一步扎实推进。环顾全球，目前虽然许多国家已明确了各自的新能源汽车发展战略与实施重点，但总体讲，大家似乎都是在"摸着石头过河"，也就是说都在探索之中，谁也不敢说自己的选择就百分之百正确，人们对客观规律的认识还有待进一步深化。像美国，从20世纪的"PNGV"计划的提出到现今，其新能源汽车的发展方向及内容一再调整。欧盟诸国也一直不断"静悄悄地"修正发展方向和计划。笔者以为，这种依据新的理论认识而调整行动方案（或方向）是科学的，正确的。政府的政策方针既要有连续性和稳定性，也要有一定的灵活性，关键在于如何把握。我国也应高度关注全球新能源汽车发展大势和动向，"眼观六路，耳听八方"，依据实际情况，随时修正（或者说调整）自己的新能源汽车发展规划（或计划），力求避免大的失误和造成巨大的资源浪费及贻误时机。

三、在汽车能源转型中可发挥重要作用的几类汽车

1. 寻觅合适的过渡工具——"桥"或"船"

前面已提到，汽车能源由主要依赖化石能源（尤指石油）至摆脱这种依赖是一个渐进的漫长过程，其间的过渡时期不可能一步跨越过去。欲实现（或较早实现）转变，应选择合适的方式或途径。不同国家（地区）情况各异，选择的方式或途径也不尽一致。在各发达国家中，德国的新能源汽车发展战略备受瞩目，他们将重点发展纯电动汽车。作出如此抉择，德国完全是从自身具体情况出发的，因为德国可再生清洁能源电力占比很高，2011年已达20%，至2020

年将达到 50% 。除此之外，德国还有其他优势和有利条件能够支持其作出这一战略选择。而我国则很难仿照德国的做法。首先，我国目前可再生能源电力占比仅为微不足道的 1% ，即使到 2020 年，与德国的差距也十分巨大。其次，我国现今虽然在名次排列上是世界第二大经济体，但实质上，仍然是一个地地道道的发展中国家，有13 多亿人口，低收入家庭乃至贫困人口约占半数以上，老百姓还有许许多多紧迫的民生问题需要解决，不可能"不顾一切"地以十分高昂的成本来发展新能源汽车，而只能从实际情况出发，采用比较积极稳健、现实而有效的方式，以较低的成本和代价，循序渐进地从传统汽车能源时代向新能源汽车时代过渡。

迄今为止，学术界的普遍认知是，最适宜作传统内燃机汽车燃料的是液态燃料，其次是气态燃料。因此，在满足排放法规要求和最大限度节能减排的前提下，应尽可能延长液态和气态传统燃料作为内燃机汽车燃料的使用寿命，在汽车能源转型过渡期中更多地发挥作用。众所周知，丹麦是世界上发展清洁可再生能源最积极的国家之一，计划在 2030 年前后，使电力和供热部门实现 100% 采用可再生能源。但在同一时期，该国却不急于在交通领域加速淘汰化石能源，认为那样不太现实。笔者以为，在整个能源转型的过渡期内，该国赋予汽车石油（包括天然气等）燃料的特别使用权是科学的，值得我国研究与借鉴。

假设（汽柴油）传统汽车时代为此（处），新能源汽车时代为彼（处），两者之间横亘着一条宽阔的大河。如何由此岸到达彼岸？"纵身一跃"是不可能过去的，势必要借助某种工具——即"过河"的"桥"或"船"。在我国，节能汽车、（清洁）替代燃料汽车和混合动力汽车就可扮演这种"桥"或"船"的角色。因为节能汽车已被本书定义为广义新能源汽车，其重要性显而易见，在此无需赘述。

2.（清洁）替代燃料汽车

据国家工信部统计的数据显示，2011 年前 5 个月，我国原油对外依存度达到 55.2% ，已超过美国的 53.5% （国际能源署在早些时候曾预测，中国原油需求增速未来若保持不变，那么至2023年其石油供应对外依存度将突破80%）。中美是世界上两个能源消费量最大的国家，但面临的形势局面各异，在美国着力摆脱所谓的"石油魔咒"之际，我国却不知不觉陷入这种"魔咒"之中。我国对进口原油的过度依赖，已引起业界和国人的极大忧虑和不安。诚然，在经济全球化的当今时代，世界已形成"你中有我，我中有你"的局面，不可能也无必要"万事不求人"或什么都要"自力更生"。但我国是一个有天文数字级巨量人口的大国，诸如粮食和石油这样关系国家命脉的物质，依赖或过度依赖国际市场供应，不仅不现实，还将使我国社会生产和能源安全承受巨大风险。尽管我们判断现时代我国面临战争威胁的可能性极低，国际石油供应因此而中断的风险也不大，但作为防备之策，还是不能将之预估为零。更为重要的是，能源供应过度依赖国际市场，要看"别人"的"脸色"行事，会给我国经济社会发展带来很大的不确定性，难以制定和实施比较准确的发展计划，从而造成巨大的损失。当代国际主流虽然是和平发展，但局部冲突乃至战火不断，尤其是石油供应链地区（国家）更是如此。在此形势下，我国不但可能会遭遇国际石油短时期供应不畅或中断的风险，而且剧烈起伏不定的国际油价很容易成为投机家针对中国需求的炒作"题材"，从而给平稳（较快）发展的经济造成伤害（甚至很大伤害）。综合各种因素，无论从哪个角度看，我国都应该把石油的对外依存度控制在科学合理的范围之内。中国工程院向国务院提交的相关研究报告建议，我国石油对外依存度最好控制在60%，不要超过65%。如果我国石油消费增长速度过快，对外依存度高，意味着要争抢其他石油消费国的市场份额，容易引发市场的过度反应和价格强烈波动，不利于经济长期稳定和健康发展。作为世界头号军事强国的美国，在国际上筹措石油的能力无人可以比拟，按说它不愁没有石油用。但近年来，该国却一直在努力控制石油的对外依存度，除了发展新能源外，也积极发展替代燃料。这的确值得我们研究和深思。

一段时期以来，我国汽车产业高速增长，不仅使我国成为世界上最大的汽车生产国，还使汽车业成为整个国家最大的石油消费用户，同时也成为近年我国石油对外依存度不断上升的最大"贡献者"。这也意味着，要有效破解我国的"石油魔咒"，汽车业毫无疑问要担当重要责任。为此，除了要大力发展节能与新能源汽车外，就是积极发展（清洁）替代燃料汽车，其中，主要是生物燃料汽车和天然气汽车，这是近、中期内我国汽车业的一个现实而有效的选择。

（1）生物燃料汽车

使用生物燃料的汽车与普通汽柴油汽车在结构无重大不同，这里主要论及生物燃料。

1）发展生物燃料的必要性和重要性。前些年，由于世界上最大的乙醇生产国美国和巴西将很多粮食用于乙醇生产，导致全球粮价高涨、供应短缺而使得生物代用燃料备受争议。那一时期，笔者与此有关的一些研究文章，也对发展生物燃料表达了过分谨慎的观点。如今，这场风波逐渐平息后重新思考，对此有了新的、比较积极的认识。即，在因地制宜、真正"不与人争粮、争地"和务必保护生态环境的原则指导下，我国积极稳妥地发展非粮绿色生物燃料是必要的，也是正确的。国际学界的主流认识也是，在化石能源储量日渐减少的情况下，发展可再生的、以生物质为原料的绿色非粮生物燃料（尤其是第二代生物燃料）将是大势所趋。据美国一家知名的绿色科技市场调查公司 Clean Edge 2011 年上半年发布的一份最新研究报告预测，至 2020 年，全球生物燃料市场的总规模将在 2010 年的基础上翻一番。由此可见，生物燃料市场的发展前景还是相当光明的。如世人所知，德国未来能源发展战略的重点是可再生能源，例如风能、太阳能。但该国并未因此而放弃或轻视发展生物质能。该国认为，易于存储的生物沼气很适合用于为风电和太阳能发电的波动提供补偿，它可在强风期间暂停，在电力供应低迷时启用。德国政府在新制定的法规中，加强了对发展沼气进行财政鼓励的措施。

我国发展生物燃料（也包括生物质能发电等）有多重意义，

可以说是"一举三得"：首先，可充分利用我国生物多样性、生物质来源丰富、分布广泛的优势；其次，是贯彻国家一直倡导的"建设节约型社会"原则的具体举措，"废物利用、变废为宝"，符合循环经济的要求；第三，提高生物质的经济价值，相当于给广大农民（尤其是自然地理条件比较差的西部、中西部经济欠发达的边远地区）开辟一条脱贫致富奔小康的途径。

2）我国发展生物燃料的有利条件和优势。我国是农业及林业大国，生物质资源丰富而充足，主要包括农作物秸秆、畜禽粪便、农产品加工废弃物、乡村有机垃圾和生活污水等。据有部门和专家测算，我国每年有7亿多吨农作物秸秆产量，其中，可作为能源化利用的约3亿~4亿t；畜禽粪便排泄物大约为30亿t/年；还有约15亿亩边际土地可用于种植和生产能源作物（既能防风、防沙和防止水土流失，有利于植被保护，又能产生经济效益）。保守估计，这些若能得到有效开发与利用的话，则将形成每年8亿~10亿t标准煤的生物质能开发量或化石能源替代量。此外，我国气体能源和生物燃气也具有丰富的原料来源和应用空间，发展前景广阔。最近10年间，国家对沼气工程的投入已达250多亿元，使我国成为世界上沼气发展速度最快、建设规模最大的国家之一。据统计，2010年全国户用沼气池达到3000多万口，大中型沼气设施达到1000多口，沼气年利用量达到约150亿 m³。据称，沼气使用效果与天然气相当，属于清洁燃气，不仅可作生活用气，经过再处理，还可用作汽车燃料。目前，东风汽车股份公司的一个下属企业，已开始生产这种沼气汽车，并已向农村用户提供应用，效果及反映皆佳。

3）新的生物原料发现及技术进步使生物燃料发展路子更宽广。近年来，我国生物质能源产业发展较快，在资源品种上不断有新的发现，产业的可持续性越来越强劲；生物燃料技术进步加快，生物质加工深度不断提高，产业价值链延长，经济效益越来越好。

据有关资料介绍，在我国广袤的大地上，有越来越多的植物被发现可以作为生产燃料的原料，例如麻风树、亚麻荠等。与此相类似的还有黄连树。据 2011 年 5 月 28 日的《科技日报》报道，在河北省武安市连绵起伏的太行山脉深处，满山遍野生长着一种枝繁叶茂的黄连树，因其果实可以提炼柴油，因此被当地人称作"柴油树"。现时，武安市共有这种"柴油树"10 万余亩，每年可提炼 1 万 t 柴油。该市计划至 2015 年将种植面积扩大到 20 万亩，届时将可提炼柴油 2 万 t。

据称，在我国大陆南方诸省及台湾地区，广泛生长着一种野生草本植物五节芒，俗称中国芒草，有多个不同的品种。其中有些种类的芒草，不仅可以作为建筑材料使用，还能用来制取氢（气）作为氢发动机汽车或燃料电池（电动）汽车的燃料。这种植物经过捣碎压制后可作为燃料，在燃料制备过程中还能生成（氢）气。曾有专家测算，若农民种植 1 公顷的中国芒草，收获的生物燃料价值相当于约 8000L 的可用于供暖的重油，经济效益可观。目前，我国亦有科研机构正在研究以某个种类的芒草为原料而生产乙醇。据有关专家称，如果在我国广大的贫瘠、退化的土地上广种芒草，不仅可以防止水土流失和沙漠化，还可以此为原料制取乙醇。假设在我国西北近 100 万平方公里的不宜粮食作物生长的地区种植芒草，以平均每公顷收获 10t 干芒草计算，则总产量可达 10 亿 t，即使用其中的一半为原料制取乙醇，也大致相当于我国 2010 年消耗的汽油量。

当前，世界上包括我国在内的不少国家（地区），都在研究利用藻类植物制取生物燃料的工艺技术以及相关的植物栽培方法。据认为，利用海藻制取燃料能够避免与农作物争夺耕地和淡水资源，其生长非常快，资源量大，有望成为人类未来比较理想的生物燃料的来源之一。海藻可通过热解来制造油料，借助细菌发酵生产乙醇，经厌氧消化途径而转化为甲烷。不过，有关研究人员指出，利用海藻大规模生产生物燃料尚需解决两大关键问题：一是提高经济性，按照已有的工艺技术制取的生物燃料价格过高，无法与石油等竞争；二是仅利用野生海藻远远不够用，应大力推广人工养殖海藻，以保证有充足的资源。

与海藻相类似的是生长在（淡）水里的水藻，以此为原料而制取生物燃料——水藻油。据称，水藻制油具有诸多优势：首先，水藻易于种植，繁殖快，几乎可以种在任何有水的地方；其次，投入少，水藻几乎不需要特别的养分，有阳光、水和二氧化碳（将藻类放置于热电厂附近，还可以吸碳，有利于降低碳排放）即可；再次，水藻的（单位种植面积产量）的能量密度比其他生物燃料（植物）原料的更高。据有关专家测算，每公顷（面积）水藻（每年）制取的燃料要比用相同面积种植玉米而生产的乙醇多 80 倍以上，与大豆相比也大致如此。因此，采用水藻制油效率更高，效益也更好。据美国有关研究机构的报告称，如果在美国广阔的海岸线和五大湖泊以及相应湿地广泛种植水藻，那么从理论上讲，每年生产的生物燃料量相当于从海外进口石油数量的 17%。当然，水藻制油目前还存在不少问题，其中，最主要的是需要大量水面用以种植水藻，如何节水还要多思量。

我国南方广大地区盛产木薯，在保证不与人争地、争粮和保护生态环境的大前提下，通过种植木薯并进行深加工，可将此种植物（或作物）的作用发挥到极致。用木薯可以生产乙醇，这是第一道能源产品，用此产品制成过程中产生的高浓度有机废水制取沼气，经提纯处理后可成为清洁的生物燃气，这是第二道能源产品。如此一来，木薯"全身"都变成了能源之宝，尤其是第二道产品，更是变废为宝。据有关资料介绍，在全国最大的木薯产地——广西南宁市武鸣县，在市政府重大科技专项资金支持下，该县有关的高科技企业与某院校正在开展木薯全面利用和深加工产业化项目，至 2011 年 3 月 5 日项目试投产以来，每天产出的 2 万 m³ 沼气经过纯化，制备成 1.2 万 m³ 生物燃气供应市场。至今，南宁市已有近百辆汽油出租车用此种沼气纯化生物燃气，车辆使用效果及排放与天然气汽车的相当。

目前在我国，对玉米全面而深度利用的科研试验项目已经启动。玉米不仅是人类重要的粮食来源，可以食用，如果富余，或者是属于陈化粮还可用来生产乙醇。通过相应的工艺技术，用玉米棒芯还能生产出低聚木糖等产品。此外，利用这些产品制作过程中产生的废渣废液，还可生产纤维素乙醇（这正是未来生物燃料重要的发展方向之一）及其他产品。这是很值得提倡的"一物多用、物尽其用、变废为宝"的科学发展之路。

长期以来，全国各地都在为"地沟油"回流餐桌损害公众健康而大伤脑筋。而如今，我国有关的高科技企业已经找到变此废物为"宝"的良方，可从 1t"地沟油"中提炼约 980kg 的生物柴油，即"地沟油"提炼生物柴油的转化率高达 98%。经国家有关部门鉴定，这种被提炼出的生物柴油含硫数值比零号化石柴油低得多，十六烷值比化石柴油更高，此意味着其热值也更高。同时，不含芳烃和重金属，含氧值高，能保证充分燃料，不会污染环境。另据有关文献称，与普通柴油相比，生物柴油可减少 90% 的一氧化碳、80% 的悬浮颗粒物、78% 的二氧化碳排放。我国每年从餐饮业中产生的"地沟油"约有 2000 多万 t，每年废弃或闲置的动植物油总计在 1 亿 t 左右。如果通过相应的工艺技术将之"化废为宝"，那么不但解决了"危害人们健康"的难题，而且对缓解我国能源短缺也大有帮助，同时，还有益于环境保护，节约资源，真是"一举多得"，意义重大而深远。但在鼓励此项事业发展的同时，务必对市场上从事此类业务的企业与单位严加监管，防止有人打着用"地沟油"提炼生物柴油的幌子而制成所谓的"食用油"，再次回到餐桌。目前，在全球范围内，"地沟油"的主要用途也是通过提炼而用作汽车燃料。现在，美国许多地方的汽车加油站提供的柴油中，就包含这一类所谓的"地沟油"生物柴油，占柴油总供应量的 2.5% ~5%。早在 2006 年，经英国有关权威部门检测之后，该国许多柴油机汽车都已开始燃用这种"地沟油"生物柴油了。据介绍，英国汽车使用的此种生物柴油，是"地沟油"经提炼后再与矿物质油勾兑，一般是加入 5% 的矿物质油，这不仅不会影响燃烧效率，还可以减少汽车尾气中 15% 的多环芳烃排放。

（2）天然气汽车

笔者曾在近年来撰写的多篇论文中建议，我国应积极发展天然气汽车，甚至有必要将其作为近、中期优先发展车种的首选方案之一。主要有四个根本性的理由：一是天然气汽车与传统汽柴油汽车在结构上无本质差别，实施起来比较容易，一系列的成本都比较低；二是天然气作为汽车燃料，使（燃）用效果好；三是天然气资源相对比较丰富；四是在世界范围内，发展天然气汽车也是时代潮流（之一）。以下对此略加阐述。

1）发展天然气汽车具体实施起来比较容易。天然气汽车完全是在传统汽车的基础上发展起来的，不是"另起炉灶"，不涉及对内燃机系统进行重大、根本性改动。当今，在国际上，天然气汽车技术已相当成熟。在国内，此项技术也有较好的基础，往更高水平提升不存在任何不可逾越的障碍。综合各个方面的因素考虑，我国从传统汽柴油汽车时代向新能源汽车时代过渡，发展天然气汽车是比较现实的、经济的、风险较低的战略选择之一。在此方面，德国汽车工业联合会执行董事柯劳斯·布老宁博士的见解与笔者大致相同或相近。他也认为，在今后很长的一段历史时期内，天然气是很有吸引力的汽车清洁替代燃料，通过发展天然气汽车，然后再向以氢为主的氢燃料发动机汽车和氢燃料电池（电动）汽车过渡（见 2011 年 4 月 21 日《中国汽车报》）。

2）天然气的使（燃）用效果甚佳。天然气虽然属于化石能源，但它却是现阶段世界公认的清洁能源，甚至被不少人称为"21 世纪的能源"。据有关研究机构预测，至 2015 年，世界（换算成石油当量的）天然气产量将超过石油，天然气的开发利用正在引领全球能源结构的变革。天然气的主要成分是甲烷，在空气中可以得到充分燃烧，热值高。据有关文献称，$1m^3$ 的天然气，热值在 8500cal（$1cal = 4.1868J$）以上，相当于 93 号汽油的 1.13～1.17 倍；而且，同等热值的天然气，二氧化碳的排放量比石油的低 28%。我国有关科研机构对相关的 CNG（压缩天然气）汽车排放物进行应用全程测定，与普通汽车相比，其可综合降低污染物排放量80%以上，若进一步改进技术，则该比率还能够再提高。这意味着，天然气汽车几乎（接近）是无污染汽车。

3）天然气资源相对比较丰富

① 全球情况。近年来，随着科技进步及勘探技术水平的提高，在人们很少听到发现新的大油田的消息且能源危机舆论日盛时，有关发现大气田的新闻却不断见诸报端。综合国内外众多文献资料，世界天然气资源确实还是比较丰富的，常规天然气储量约480万亿 m^3，可供开采的年限远大于石油。鉴于天然气作为清洁能源的巨大优势，多年来，其在世界上已获得广泛应用。目前，天然气在世界能源消费结构中的占比平均已达25%左右的水平，欧美等发达国家和地区更高达约48%。在全球范围内，人年均消费天然气约508m^3。近年，美国为摆脱所谓的"石油魔咒"，实施了包括提高国内石油产量、扩大天然气使用量等举措，有效降低了石油供应的对外依存度。

对于天然气消费量的不断增长，一些人士可能担心其资源的加速枯竭。诚然，这种担心是必然、也是必要的。但客观而论，在今后一个很长的时期内，世界天然气供应还是无大忧的，这缘于其有强大的后续资源储量。据称，与常规天然气使（燃）用效果基本相同、完全可接替之的非常规天然气（包括页岩气、煤层气、可燃冰等）资源十分丰富，全球资源量多达近4000万亿 m^3，是常规天然气储量的8.3倍（见2011年7月15日的《科技日报》）。据英国《星期日泰晤士报》报道，日本一家企业正在研究开发海底的可燃冰资源，称其掌握的资源量可供日本使用300年之久（见2012年1月17日《长江商报》）。在过去的10年间，世界非常规天然气产量快速增长，2008年，其产量占全部天然气总产量的比例达到18%，而在美国，该比例高达40%，预计至2030年，美国非常规天然气产量的占比将更进一步提高至50%以上。据分析，美国天然气产量的大幅提升，主要得益于页岩气开采技术的创新——"水力压裂法"的应用，即向地下岩石构造注入水、沙子和相关的化学物质，以使地下岩石构造断裂，释放长期以来被认为不可开采的储备。据称，这项具有革命意义的技术革新，可将美国现时期日益减少的天然气资源储备变成可延续上百年的供应。

② 我国的情况。我国天然气资源虽然谈不上丰富，但也不是像许多人想象的那样匮乏。随着勘探和开采技术的进步和完善，也不断有新的发现，清洁的天然气能源在我国的应用前景还算是颇为光明的。据有关资料介绍，我国现今大致确定的天然气总资源量超过 38 万亿 m^3，最终可探明地质储量超过 13 万亿 m^3。我国也是世界上非常规天然气资源十分丰富的国家之一。据国家能源局油气司有关人士称，我国（现阶段掌握的）非常规天然气资源总量约为 320 万亿 m^3，其中，低渗透气（包括致密砂岩气）约 100 万亿 m^3，煤层气超过 30 万亿 m^3，页岩气 100 万亿 m^3。对这些数据，国土资源部目前认可的、可供开采的非常规天然气储量为 26 万亿 m^3。现时期，非常规天然气产量仅占我国天然气总产量的八分之一，有专家预计，至 2020 年，该比例将提高到三分之一。

由于种种原因，当前天然气在我国能源领域中的应用还不普遍，占能源总的消费比例仅约为 3% ~ 4%，年人均天然气消费量仅约为 60m^3，大致是世界平均水平的十分之一，这不单与世界平均水平相差悬殊，也远低于亚洲的 10%（左右）的水平。许多有识之士都认为，我国要想有效降低过高的石油供应对外依存度，其中之一的现实选择，就是进一步普及应用天然气。毋庸讳言，在一个相当长的时期内，仅靠国内产量是很难满足巨大的天然气市场需求的。对此的解决办法是，坚持提高国内产量和扩大进口"两条腿走路"的方针。经过多年的发展和坚持不懈的努力，我国扩大天然气使用已具备了良好的条件和相关的基础设施。西气东输一线工程早已投入使用，2011 年 6 月，二线工程主干线也全线贯通送气，来自土库曼斯坦的天然气，在横穿 15 个省份后直达我国南方珠三角地区。至此，我国已建起中亚——西气东输二线与中俄油气管道、中缅油气管道、海上（从澳大利亚等国进口）LNG（液化天然气）战略通道等四大油气战略通道。现时，我国已形成陆上油气战略通道5.7万km，"十二五"还要新建5万km。届时，一个纵贯南北、连接东西的油气管网格局将全面形成。至2011年年底，通天然气的城市增至270个。到21世纪中期，全国将构建成一个覆盖31个省（区）、市的天然气管道大网络，95%以上的地级市均可用上天然气。这为积极发展天然气汽车打下坚实基础和创造了必要条件。

③ 发展天然气汽车是世界汽车潮流之一。因为发展天然气汽车有利于增强相关国家（地区）的能源安全和促进环境保护以及可取得较明显的经济效益，一个较长时期以来，全球天然气汽车呈快速发展之势。截至2011年6月统计，世界天然气汽车保有量约为1380万辆，投入运营使用的加气站有1.94万座。其中，亚太地区均分别占据多数，分别为800万辆和9850座。在亚太58个国家（地区）中，有22个国家（地区）制定了相应的天然气汽车发展计划，并具体付诸行动。自2008年以来，亚太地区天然气汽车保有量年均增长幅度达到24%，加气站数量年均增长19%。据国际天然气汽车协会预测，到2020年，若天然气汽车增长率保持在相对保守的18%左右，那么届时全球天然气汽车总保有量将达到6500万辆，约占世界汽车总保有量的9%，每天替代的石油数量可达700万桶。据分析，全球天然气汽车之所以发展较快，除了其自身拥有的许多优点外，也与各国（地区）政府在政策上的支持分不开，尤其是使天然气在价格上始终保持对汽柴油的优势。

泰国能源部制定了2008~2012年天然气汽车发展计划，促使这一类汽车至2012年总保有量达到33.3万辆。该国政府规定，对（出厂原装的）单一燃料天然气公交车减征消费税，对改装为天然气车的公交车（经原产厂认证）减征22%消费税，但最高减税额不得超过1280美元。美国也曾出台汽车燃用天然气减免消费税的政策措施，每等效加仑汽油的CNG减免0.5美分，每等效加仑汽油的LNG减免0.5美分。意大利政府则制定了天然气进口的优惠政策，规定对天然气的进口不征收关税，对增值税征收也控制在4%以内。在该国，用于天然气汽车的 CNG 价格只相当于汽油价格的四分之一，柴油价格的二分之一。为促进天然气加气站及相关设施（备）建设的发展，很多国家也实行税收减免措施。韩国政府为每座加气站提供最多高达 70 万美元的低息贷款，规定凡购买 CNG 公交车者，增值税和购置税减免额度为 1 万美元/辆，每辆新购的 CNG 公交车补贴22500 美元，新购 CNG 垃圾运输车每辆补贴 6 千美元，每建设一座加气站，企业税减免 1.5 万美元，进口 CNG 汽车零部件，基础关税减免。伊朗也大力发展天然气汽车，相关部门已计划至 2014 年，全国天然气汽车保有量将提高到 300 万辆，计划新建加气站 900 座。俄罗斯计划在 2010~2015 年间，增加投放天然气汽车 3.82 万辆。从保有量上看，巴基斯坦天然气汽车拥有量居世界第一位，为 280 万辆。该国为促进天然气汽车发展实施了多项优惠政策，其中包括CNG 优先应用于天然气汽车的规定，减免 CNG 加气设备和汽车改装件进口关税，对私人建设和运营加气站提供补贴。为降低交通运输领域对石油的过度依赖和温室气体排放，欧盟绿皮书提出了欧洲车用替代燃料发展目标，涉及的三种燃料是天然气、生物燃料和氢。至 2020 年，天然气在该地区车用能源中的份额要达到 10%。德国现今每年对再生燃料、天然气等的税收补贴高达 30 亿欧元，到 2020年时将达到 50 亿欧元。

3. 混合动力汽车

（1）在汽车能源转型期内扮演重要的"过河之桥或船"的角色

自 20 世纪 90 年代丰田公司混合动力汽车正式实现产业化以来，混合动力汽车技术日臻完善，不断取得进步，已获得市场的相当认可，应用前景甚为广阔和光明。混合动力汽车技术之所以备受青睐，最根本的原因在于其工作原理的科学性和现实性。具体说就是，混合动力技术基于现代先进的电子、电控等技术，将两种完全不同的动力系统，恰当而有机地综合为一体，从而使两者优势互补，同时又能够消除（或避免）各自在单独使用时的局限性。众所周知，发展新能源汽车（例如电动汽车），要获得市场的认可，车辆就得要拥有与传统内燃机相匹敌的动力系统（例如要求电池的动力、相关性能等与内燃机的相当或相近），需要完备或比较完备的基础设施。而这些又不是一朝一夕可以实现的，是一个逐步发展和提高的过程，必须遵循"循序渐进"的原则。要一步从传统汽车时代跨越到新能源汽车时代是不可能的，其间，一定得借助类似于"船"或"桥"的工具或手段才可望实现。混合动力汽车技术方案构思的高明之处在于，其可兼顾传统汽车和新能源汽车（诸如纯电动汽车等）技术的优越性，保证传统汽车由依赖化石能源向以新能源为主导的时代以比较低的代价平稳过渡。并且，在这种可能延续很长的过渡时期内，混合动力汽车更适宜及时吸收传统汽车技术进步与创新成果和新能源汽车（例如电动汽车）技术攻关取得的新成就，能比较容易地从两个领域（或方面）不断集成新技术成果。由此，也就能不间断地完善自我，提高使用的适应性和满意度。在大约有半个世纪之久的汽车能源转型过渡期内，混合动力汽车作为一种"桥"或"船"之类的工具而存在，具有重大价值和重要意义，而非有些人所说的仅是"权宜之计"。如此看，若把混合动力汽车说成是"过渡车型"的话，那么以笔者拙见，此处的"过渡"也绝没有"临时性、暂时性"的意思，而应理解为"渡过"，即混合动力汽车承担一个"过河之桥"的功能（或功用）。已有的事实已表明，混合动力汽车作为"过渡"车型，具有明显的节能减排效果，会保持一个较长的发展期，而且，其动力系统中70%的技术与（纯）电动汽车相同或相似而通用，可以带动电池等核心零部件技术逐渐走向成熟，推动电动汽车的产业化发展（见2011年9月26日《中国汽车报》）。

（2）混合动力是节能低排放汽车的通用技术

1）基本的理论认识。据有关文献介绍，经国际相关研究机构的试验与检测，在各种不同燃料和类型的汽车当中，以混合动力汽车的能源总效率（WTW）为最高。就其实际使用情况而言，节能减排效能也十分突出。混合动力汽车拥有两套动力系统，虽然有使机构复杂的消极一面，（但只要做得好）更有使两套系统优势叠加（甚至放大）的积极一面。正如有人形象比喻的那样，一个成年人拎一桶水也会感到很费劲，因为偏重，但若两个小孩抬一桶水则就显得比较轻松，因为两个人的载荷（或受力）对称。混合动力汽车正是由于有两套系统，所以就有可能（而且也必须）将每一套系统设计得更精巧、更紧凑、更高效一些，使之优化到极致（也就是最佳状态）。在技术的实际实施过程中，一般作为主动力的内燃机，通常是采用较小排量、自重较轻、性能更优的机型（如下面介绍的沃尔沃增程式电动汽车采用三缸蜗轮增压发动机那样），多数时间是在高效率区间的稳定状态下工作，燃油经济性自然就高，排放也少，再结合采取制动能量回收等技术措施，节能就更明显。有时，汽车若仅需要辅助动力（例如电池等）单独工作，那么，此时车辆的排放就几乎为零，减排的效果不言而喻。通过上述的介绍可知，混合动力汽车两套系统的优化设计及工作实现最佳化，是其获得节能减排预期效果的关键所在。当下，在我国"十城千辆"新能源汽车示范运营过程中，发现有些混合动力汽车的节能减排效果并不很明显，其中的原因可能有多种，但笔者认为，最主要的是车辆配置的两套动力系统及其管理控制，从结构设计到工作性能均未达到最优化，有些企业甚至是直接把批量用于传统汽车的动力总成，原封不动地安装到混合动力汽车上，这怎么能与新的车辆达到最佳的匹配状态呢？实际上，混合动力汽车对实施技术的要求是很严格的，两套系统只有其中之一达到最佳化（即只有"一好"）是远远不够的，只有双优（若包括管理与控制则是三优）才能使车辆总体性能达到一个比较高的水平，即三个"小好"才能合成一个"大好"。而此点往往被人们所忽视，误以为混合动力汽车技术简单，这大概也是全国不少地方都在搞混合动力汽车的一个原因吧。

从理论上讲，混合动力汽车的应用不存在区域（距离）上的限制，短、中、长途皆可用。但欲使之发挥出最大的节能减排作用，最好在行驶半径不太大、车辆频繁穿过有红绿灯之交叉路口的市区使用。当今，在西方发达国家（地区），混合动力汽车的主要应用市场，是公交车和工薪阶层市区上下班作为代步工具的普通型轿车。

2）结构型式多样，创新的余地大。应当说，混合动力技术还是一项新兴的技术，在世界汽车业界，丰田虽然处于领先的优势地位，但这并不意味着其已将此项技术的所有潜力挖掘殆尽，别人就压根儿没有再创新的余地和机会。客观现实是，近年来，混合动力技术进步很快，早已突破了早先比较单调的结构形式。为满足不同使用目的要求，市场上出现了各式各样的混合动力技术，形成了"百花齐放、百家争鸣"的局面。

时下，混合动力汽车按照混合方式的不同，可分为串联式、并联式和混联式三种；按照混合度，即电机功率与内燃机功率之比例，或使用电的比例与使用其他燃料（或动能）的比例之不同，又可分为微混、轻度混合、中度混合、深度（或重度）混合等。据认为，高电压、高转速、集成化、深度混联是世界混合动力汽车技术发展的一个比较明显趋势。现阶段，全球汽车界已有以下多种类型的混合动力汽车产品面世，例如：油-电混合，即汽柴油发动机与蓄电池混合；气-电混合，即燃气（如天然气、氢等）内燃机与蓄电池混合，使用这种混合动力汽车，不但可以替代汽柴油，而且排放更低；内燃机（可燃用汽柴油或燃气等）与液压动力（液压马达）混合，在这种结构型式里，内燃机是主动力，液压动力（液压马达）是辅助动力，由此，可减少内燃机的能耗与排放；液电混合（纯）电动汽车，即蓄电池（发动机）是主动力，液压动力（液压马达）是辅助动力，由此，减少了电池的快充快放，提高了电池寿命和续驶里程；电-电混合，即燃料电池是主动力，蓄电池是辅助动力，如此，显著改善和提高了燃料电池（电动）汽车的使用性能，使该项技术有不少的实质性突破。例如，2011年10月，华南理工大学与广州益维电动汽车有限公司共同研发的"燃料电池——锂离子电池混合电力电动汽车"，就属于这种结构形式。

据有关资料称，为突破长期困扰我国深度混联混合动力汽车发展的共性关键技术瓶颈，中国汽车技术研究中心经过 8 年科研攻关，最近研制成功一种具有完全自主知识产权的双行星排混合动力总成（CHS），与同类型产品相比，自重减轻约 60%，最大输出转矩提高 50%，集成度高，节能效果突出。应用于某类型 SUV，按 NEDC 工况测量，市区工况节油 40%，综合工况下节油 28%。若应用于某类型 12m 公交车，则可节油 35%。此外，由于 CHS 小而有劲，以应用于 12m 公交客车为例，与国内现有"发电机 + 离合器 + 电动机"混联结构相比，成本可下降 8 万元左右。这一科研案例也有力地表明，中国汽车业界在混合动力汽车领域，是可以冲破国际上一些人设置的技术壁垒，实现自主创新的。

国内包括院士在内的一些专家学者，在发展新能源汽车方面，皆力推增程式电动汽车，对之倍加赞赏。笔者以为，这些专家对此种技术的推崇，实质上也是对混合动力汽车技术的充分肯定。因为从原理上讲，增程式电动汽车也是混合动力汽车之一种，即便其中的内燃机不直接参与驱动汽车，车辆上毕竟安置了两套不同的动力系统。据认为，通常的混合动力汽车采用串联组合结构，就能满足增程式电动汽车的使用要求。

以上的种种事实说明，混合动力技术在很大程度上，业已发展成为传统汽车节能减排的核心通用技术之一。此项技术适应（用）性强，可以对各类不同的传统汽车进行技术改造。长期以来对内燃机燃料喷射系统有专深研究的博世（Bosch）公司认为，无论是汽油机还是柴油机，其油耗与二氧化碳排放均有再降低（或减少）约 30% 的空间，而混合动力技术能够在此基础上再使之下降（或减少）约 10%。若再辅以别的对汽车进行改进或改善的措施，包括采用轻量化、低阻力轮胎等技术，那么内燃机未来的油耗及 CO_2 排放完全可以降（或减）至目前平均水平的一半左右。

混合动力发展成通用技术的另外一个例证是，当今，世界上除了盛行混合动力汽车之外，混合动力火车（列车）及飞机在一些国家（地区）亦得到实际应用，且效果良好。

3）众多跨国公司青睐混合动力汽车。当前，在世界汽车产业界，从整体上讲，日本混合动力汽车技术处于比较领先的优势地位。其中，丰田公司是世界混合动力汽车产业化最成功的企业之一，累计产销量已超过300万辆。该公司近期表示，其新能源汽车发展战略，是在继续保持混合动力汽车产销领先的情况下，发展纯电动汽车和插电式混合动力汽车，同时，也不放弃燃料电池（电动）汽车。本田公司的新能源汽车发展战略，也是侧重于混合动力汽车，但也不忽视纯电动汽车和燃料电池（电动）汽车的研发。三菱汽车公司虽然把电动汽车作为发展新能源汽车的首要任务，但同时也不放弃混合动力汽车。

早先，德国大众汽车公司制定的新能源汽车发展战略，是纯电动汽车与混合动力汽车齐头并进，但据说最近其对此有所调整和修正。该公司有关人士称：电动汽车对人们未来的出行方式将产生重要影响，大众集团正在努力发展电动汽车技术。不过，未来十年内，还是要把主要精力放在混合动力汽车上（见2011年7月18日《中国汽车报》）。据称，大众公司的最高首脑还特别推崇增程型混合动力汽车，认为此种车辆既可获得很高的燃油经济性，有效降低二氧化碳排放，同时，又能很好地控制成本。宝马汽车公司近期对外宣称，在未来很长一段时期内，其将采取"改善和提升传统内燃机技术、发展纯电动汽车以及混合动力汽车""三条腿走路"的方针。戴姆勒—奔驰公司确定新能源汽车战略，是纯电动、混合动力、燃料电池汽车并行发展。

法国雪铁龙公司对外宣示的新能源汽车发展战略，近期的工作重点，是从燃料电池汽车转向纯电动和混合动力汽车。

美国通用汽车公司在新能源汽车发展中，将把增程式电动汽车作为重点，适当发展混合动力汽车和燃料电池汽车。据称，通用沃蓝达（Volt）增程式电动汽车技术已相当成熟，实现量产可期。福特汽车公司在新能源汽车发展中，将坚持"混合动力、插电式混合动力和纯电动汽车并行"的方针。

韩国现代汽车公司副会长梁雄哲曾表示,该公司现今无意批量生产纯电动汽车,今后将集中研发混合动力汽车和氢燃料电池(电动)汽车。梁雄哲认为,现时,电动汽车所用蓄电池的技术性能已经达到极限,再进一步提高十分困难,纯电动汽车运行所必需的一系列基础设施绝非短时期内能够建立和完善起来的,面临重重困难。在此情况下,现代公司的现实选择,就是着重发展混合动力汽车。当然,现代公司的这种发展战略也不是说没有一点风险。对此,韩国有关专家指出,在世界汽车业界,早期混合动力汽车技术的主导权为丰田公司所拥有,而(纯)电动汽车之核心技术(例如电池)又由化工企业占有,在此状况下,现代汽车公司要集中力量研发2030年之后的环保车——氢燃料电池汽车和插电式混合动力汽车。然而,如果其间(纯)电动汽车之电池技术获得重大突破,电动汽车成本明显降低,那么现代公司的此战略就有可能面临相当大的危险和挑战(见2011年9月22日《科技日报》)。

前不久,瑞典沃尔沃汽车公司宣布,它将开发装有增程器的电动汽车,该项目得到瑞典能源署和欧盟的支持。据称,这种汽车具有三种不同的技术组合结构型式,装有增程器的车辆上,安装了可以增加有效行驶里程的内燃机,使汽车可以连续行驶1000km,二氧化碳排放量低于50g/km。三种技术组合均采用科技含量很高的小而有劲的三缸蜗轮增压汽油发动机,既可燃用普通汽油,也能使用E85燃料。此外,所有技术组合结构形式的车辆,也均安装制动能量回收系统。

第四章

全方位思谋中国汽车可持续发展之策

与欧、美、日等汽车工业发达地区和国家相比，我国汽车工业起步较晚，从20世纪50年代初创至今，已有近60年的历史。在经过一个比较长的艰难成长和曲折磨难时期之后，进入21世纪，终于迎来快速发展时代。10年间，以超过20%的年均增长速度，至2009年，按产销量统计，已超过日、美，在世界汽车排行榜上居首位。这表明，经过几代汽车人和全国人民的共同努力，汽车工业成为国民经济的支柱产业目标已基本实现，国产汽车能够满足民众消费的需求，汽车产业在我国全面建设小康社会的进程中，发挥着很大的作用。不仅如此，中国汽车在数量规模扩大的同时，质量也在改善，在追赶世界先进水平的过程中，技术进步明显。

毫无疑问，对于我国汽车业目前取得的巨大成绩应当充分肯定，但对此也需保持冷静，不能估计过高。应该认识到，中国汽车迄今为止所达成的目标还只是阶段性的，成为世界汽车大国固然可喜，但世界汽车强国才是我们最终的奋斗目标。从现实情况看，我国离世界汽车强国并非如有些人所言仅一步之遥，而是有相当大的差距。与此同时，还应清醒地看到，用许多发达国家的标准看，虽然我国才刚刚跨入汽车社会的门槛，但因汽车在短时期内骤然增多，与汽车相关的社会各个方面很不适应，不协调、不和谐的矛盾凸显。我国成为世界独一无二的汽车消费大国，并非纯粹是一件值得十分高兴的好事，用辩证唯物主义的眼光看，此乃"喜忧参半"。当前的客观状况是，中国汽车的快速发展，一方面使不少人圆了汽车梦，带动国家消费水平升级，促进了国民经济发展。但另外一方面，汽车销量超高速增长，使我国拥有的汽车总量达到 1 亿辆（若包括低速汽车已超过 1 亿辆），每天都要消耗大量不可再生的自然资源（尤其是能源），占用可观的国土（面积与空间），排出的废气污染环境日益加剧，生态被破坏令人心痛，许多地区，尤其是城市的交通严重拥堵使人目不忍堵，经济损失巨大。如此困局不仅给国计民生造成负面影响，给国家层面的应对能力带来巨大压力和构成挑战，还使汽车本身固有的使用优越性黯然失色。中国汽车正面临可持续或不可持续发展的重要抉择。通过分析可知，中国汽车可持续发展遇到的问题，归纳起来主要来自两个方面：一是技术方面的，主要是自己不掌握关键的核心技术，依赖性强，发展的可持续性差；另一个是社会层面的，汽车社会的不和谐、不协调矛盾如果处理不好，则必将影响汽车的可持续发展。技术层面的问题将主要通过技术进步、技术创新来解决，同时辅以其他措施；社会层面的问题则需要通过思想理论认识创新，以及以此为指导的观念创新、机制体制创新，政策、管理等的创新来解决。

　　笔者关于中国汽车可持续发展对策建议总的思路是，以年产销1800 万辆为起始点，加快进行产业结构调整、优化升级，着力转变发展方式，使行业（企业）从过去着重"上量"、"扩容"的粗放发展，转向以提高素质为抓手的"重质"发展轨道；同时，要突破狭隘的汽车发展观念，创新汽车消费使用模式，从我国基本国情出发，在全面建设小康社会的进程中，整个社会要齐心协力，妥善处理好汽车与生态环境、汽车与经济发展、汽车与社会等诸多方面的关系，构建和谐汽车社会，努力达成汽车与人、自然、社会等的和谐统一，让汽车更好地为人服务而不是相反。为此，应主要采取以下战略举措（或发展途径）。

其一，在我国深化改革开放的大局面下，中国汽车业今后应立足自主发展，加强自主创新，加快技术进步，掌控关键核心技术，做强关键零部件，实施知识产权战略，全面推进自主品牌创建，大力培育有竞争力和国际知名度的汽车品牌与企业集团，积极稳健地实施海外战略，参与国际市场竞争，充分利用国内与国际市场两种资源，拓展中国汽车发展空间。

其二，从实际情况出发，结合我国具体情况，采取正确的战略和技术路线，积极而稳健地发展节能与包括清洁替代燃料在内的新能源汽车。

其三，我国今后欲构建和谐汽车社会，除了缓解能源供求紧张矛盾、减少排放污染、加快基础设施建设（诸如修路、建停车设施等）、尤其在城市坚持公交优先、大力发展公共交通与智能交通、改善和提升交通管理水平等一系列与汽车使用有关的举措外，改变传统的汽车消费观念，创新拥有与使用汽车方式，也十分必要和迫切。通过舆论宣传和相应的政策等措施引导，大力提倡高效、节俭、节约、科学合理的用车方式，抑制奢华、求大求洋和攀比炫富以及张扬虚荣的不良消费行为。作为国家发展宏观调控的有关部门，应对我国构建和谐汽车社会的总体情况，有一个大致的预判和粗略的描述。或者换一句话说，就是从我国基本国情出发，依据国家社会经济中长期发展规划所包含的主要指标，尤其是与汽车使用普及直接有关的指标（例如能源、交通、基础设施建设、节能减排环保要求等），运用不同的模型，大概测算出我国未来汽车总的使用（保有）量与销售市场规模以及发展速度，保持在怎样的一个水平上才是科学合理的（或者说才有利于构建和谐汽车社会）。若能如此，那么国家和中央政府就可有预见性地通过相应的法规标准、政策等措施，引导汽车市场和汽车消费，以市场引导汽车产业发展。这样，可避免许多盲目性，不至于等到汽车社会的矛盾已十分尖锐时，才着手解决要好得多，否则不仅难以奏效，还会使国家与社会面临巨大灾难性风险。古人云，凡事预则立，不预则废，整个社会对此都应有清醒的认识。

上述的对策建议中的第一项，业界已有许多真知灼见，本书不赘述；而第二项，本书的前几章已作了详尽论述。以下对第三项进行概略研讨。

第一节　正确预判和设定汽车市场发展规模与速度至关重要

过去，在国家制定社会经济发展五年规划时，汽车行业也会出台相应的产销量规划指标，这在短缺经济时代是必要的。而现在就显多余，因为汽车产销是市场行为，企业自有规划和计划，政府为此无需特别"操心"。相反，构建和谐汽车社会，则是一项复杂且庞大的系统工程，需要方方面面的参与，只有中央政府才有能力进行有效的统筹协调。其中，有远见性的预判（或大致设定）未来我国汽车市场总规模与发展速度，十分重要和紧迫。这主要涉及汽车市场总的保有量（由此引导出的汽车普及率，或者说汽车普及程度，即国际上流行的千人汽车拥有量概念）、汽车市场年销售量及其年（均）增长率。

一、中国汽车普及的目标应大致是世界平均水平

关于我国汽车市场未来的发展规模与汽车普及程度，笔者一直持有这样的一个根本观点：基于有13亿的庞大人口、并不很丰富的资源和就人均而言也不够宽敞的生存与活动空间（面积），中国应从实际情况出发，在全面建设小康社会的进程中，不可追求将欧美等先行发达国家那样高的汽车普及程度作为社会经济发展目标（这是人们希望实现和谐汽车社会最基本的要求之一），汽车普及率若大致相当或相近于世界平均水平，则是比较科学合理的。对此，长期在汽车行业工作的中国机械工业联合会执行副会长，中国汽车工程学会理事长张小虞，与本人也持有基本相同的观点。与此设想相似的，

还有国外的一些研究机构和清华大学以欧阳明高教授为首的研究团队。他们综合考虑中国各个方面的基本情况，认为中国未来（至2025年或2030年）汽车市场的最大容量将达到3亿辆左右的极限值，此后将不会再有明显的增长而基本稳定下来。笔者对此研究结果也很以为然。假若按照中国长远的社会经济发展目标，把总人口控制在15亿人，那么汽车普及率就大约是200辆/千人。当下，世界的平均水平约是10亿辆除以70亿人，等于143辆/千人，而中国则约是1亿辆除以13亿人，等于77辆/千人，大体是世界平均水平的一半（多一点）。据研究，未来20年左右，全球的汽车普及率也可能会翻一倍，即千人拥有量达到200多辆。这意味着，中国到那时该指标仍大致处于世界平均水平，或与之相接近。按照这一预判，中国在未来20年左右的时间内进入较高程度的汽车社会，是大约平均每五人拥有一辆汽车，相应于不到每两户拥有一辆汽车。应当说，就中国普及应用汽车的客观条件而言，这还是一个比较高的目标。

为迎接如此甚高程度的汽车社会，国家方方面面（其中主要是保证能源供应、排放污染治理以及辟出相应的国土面积等）都还要作出很大努力才行，这可从以下三个大致的计算公式中看出。

全国一年汽车总油耗量（近似）计算公式：

$$T = N \times [\,(K/100 \times L) \times F\,]/1000$$

式中，T为总油耗（t）；N为全国投入使用的汽车总数量（辆）；K为每辆车全年行驶总里程（km）；L为百公里油耗量（L）；F为相应燃油比重或由L换算成kg的系数。

全国一年汽车废气污染物总排放量（近似）计算公式：

$$T = N \times (K/100 \times L)/(1000 \times 1000)$$

式中，T为总排放量（t）；N为汽车总数量（辆）；K为每辆车全年行驶总里程（km）；L为百公里污染物排放量（g）。

全国投入使用的汽车（因修建道路、停车设施等等）需要占用的国土面积（空间）大致计算公式：

据国际有关专家的研究，一辆汽车在整个使用寿命周期内，其所占用的总面积（空间）：乘用车至少是其自身外形（尺寸）面积（体积）的20倍；商用车至少是40倍。

$$F = N \times \left[(L \times B) / (1000 \times 1000) \right] \times M$$

式中，F 为总面积（km^2）；L 为汽车长度（m）；B 为宽度（m），M 为汽车自身面积的倍数，对于乘用车而言为20，商用车为40。

从上面的三个公式可以知道：决定全国汽车一年总油耗的主要因素，一个是汽车的百公里油耗量（即燃油经济性）和一年的行驶里程，另一个是汽车总数量；决定全国汽车尾气污染物总排放量的主要因素，一是百公里排放量及一年的行驶里程，另一个是汽车总数量；（大致）决定全国投入使用的汽车国土总占用面积的重要（或部分）因素，一是汽车外形的大小，二是汽车总数量。由此引申的结论是，每个汽车拥有与使用者以及国家宏观决策部门，对构建和谐汽车社会可以施加积极而富有建设性的影响，不外乎有两种行为，一是购买小型、节能环保型汽车及减少汽车行驶里程；二是将汽车总数量调控到合理规模内，而不至于超出国家为构建和谐汽车社会提供的相应条件的能力范围。

通过以上公式计算，当我国汽车总保有量在未来达到3亿辆左右时，国家为此需要拥有的能源保证、国土面积可被占用以及排放污染治理等能力，基本上都将达到极限。若汽车不分大小按每辆每年平均消耗燃油2t，则全国汽车总油耗就将达到约6亿t，而现今我国全年石油总消费量大致为4亿t，未来仅汽车一项就要消耗6亿t石油，3亿辆汽车，假设按现在汽车的排放水平，则包括 CO_2 在内的排放污染物，未来就将达到天文数字的21亿t左右，治理任务相当艰巨。3亿辆汽车仅在使用过程中就将总共占用国土面积（空间）大约为50多万 km^2，若包括汽车设计研发制造、销售、流通等环节上占用的国土面积，那么就超过60万 km^2，相当于占用了三个多一些完全是好土地的湖北省。为保证子孙后代的"基本口粮"，国家曾下"死决心"要守住18亿亩（1亩 $\approx 667m^2$）耕地的红线，但据袁隆平院士援引有关媒体报道来源于美国卫星监测的数据，现在18亿亩的红线已经失守，其中的近 3 千万亩地已被它用。其间，越来越多的汽车所引发的"汽车与人争地"的尖锐矛盾，也将明显地摆在国人面前。

二、中国汽车发展速度必须趋向平稳

当预判或设定了我国汽车市场大约到 2030 年前后时，最大容量极限为 3 亿辆和汽车普及率大体达到世界平均水平，那么，也就基本上确定了汽车保有量未来时期的增长幅度。通过相关的计算公式，得出在此时期汽车保有量的年均增速约为 5.6%。应该认识到，这还是一个比较高的平稳增长速度。汽车市场销量与保有量有密切关系，虽然每年的销量并不完全等于每年保有量的增加量（因为市场上每年总会有一部分老旧汽车被报废注销掉），但由于目前我国每年报废汽车的数量并不巨大，以上述汽车保有量的年均增速作参考，预测汽车市场销量的年均增速，不会对宏观趋势判断产生明显的偏差。

假设今后 10 年我国汽车市场销量年均增速大约是 5%，以 2010 年的 1800 万辆为基数，那么至 2020 年，市场销量规模就大约是 3000 万辆。接下来，再假设从 2020 年起，汽车市场已达饱和状态，销量不再增长，新车的平均使用寿命年限按 10 年计算，这样，每年的汽车销量积累下来，至 2030 年总的保有量就大约是 3 亿辆，即达到汽车社会的最大容量极限。我国一位汽车企业的老总在给自己的职工做形势报告时，曾形象地谈到他对中国汽车市场发展规模与速度的看法，笔者深以为然。他说，中国汽车市场增长就好比一棵苗壮生长的小树，年年往上蹿高，但它长得再高也会有个"头"，不会把"天"戳破。这位老总在此说的"天"，其实就是中国汽车市场的最大极限（即最大市场容量）。这个"天"要真是有一天被捅破了，那么人们的日子可就不怎么好过了。这绝非危言耸听。

由上述的论述可知，以 2010 年汽车市场 1800 万辆的销量规模为起点，至 2020 年左右，中国汽车以 5% ~6% 平稳速度前行是正常的、科学合理的、健康的，对构建和谐汽车社会相当有利。因此，也是可持续的发展速度。这还可从另外的角度来认识而得到佐证。首先，与自身相比较，由于现今汽车销量（1800万辆）的基数已经很大，即使是5%的增速也与过去的不可同日而语。例如，假设2011年的销量增速为5%，那么增加的绝对量就是90万辆，而2004年时要达到如此多的增量，其增速就得是18%。从表面看，此增速是2011年增速百分点数值的3.6倍。其次，从横向来比较，环顾全球，即使在没有发生金融危机和经济衰退的正常年份，在最近一个较长的时期内，世界汽车市场的增速也基本保持在4%左右的水平，与之相比，我国汽车市场今后年均增长率达到5%～6%已算是比较高的增长水平了。由此可知，汽车行业乃至整个社会都应该转变观念，正确看待发展速度问题。汽车行业很多人已习惯了过去10余年间20%以上的高速增长局面，一旦低于10%，就直呼市场"寒冬"来临。这说明，一些企业和不少人，确实已"患"上所谓的"高速增长依赖症"，增速一旦低下来，这些速度效益型的企业就将亏损，并"叫苦连天"。这表明，此一类企业的市场素质不强，亟待苦练内功，转变粗放的发展方式。可行的对策之一，就是提高（广义）质量水平。这可从下面的一个粗略计算公式（仅用于某一问题或事物的定性描述）中看出。

$$K = (A \times F) \times [N \times (1 + V)]$$

式中，K为企业当年的总效益（或者为创造的价值、产值等之类的概念）；A为一件（个或种）产品的效益或价值；F为广义（的）质量系数，其既表示产品通常意义上的品质好坏，可靠与否，以及服务质量，同时也表示产品的安全性能、技术含量、品牌影响力等；N为上一年（或比较基准年的）产品数量，单位为个或件等；V为当年产量增长速度（即为正或负的百分数值）。

由此粗略的、大致的计算公式可知，决定K值大小的主要有两个参数，即F和V，其中，F是决定性的。假设$F=1$为质量合格，达到普通正常水平，那么F大于1时（即高于合格的优或特优水平），K值就相应增加，而F小于1时则减少，当产品完全是废品时，F 为零，K 也为零。假若 V 的百分数值很低，甚至为零或负值，但 F 值却有较大提升，那么就可减少甚至抵消因 V 下降而带来的负面效应。若 F 值提升明显，则 K 值照样能够增加。这也就是说，一个企业，在整体市场增速下滑甚至不增长或负增长的情况下，若欲保持企业的总效益或创造的价值不变，甚至还要有所增长，那么只有提高质量水平这一条出路，国际上，竞争力强的企业走的主要是这种发展道路。眼睛只盯着（或仅仅期待于）N 和 V 的，基本上是那些还没有摆脱粗放发展方式的企业；而主要着眼于提高 F 值者，意味着其已走上科学的、可持续发展之路，是质量效益型企业。

三、汽车业界发展中谨防"自己"的"浮躁"

对于我国未来 10～20 年汽车市场发展规模与速度的预判或设定，当然做不到百分之百的准确，但也不能相差甚远，否则会打乱国家社会经济发展计划的部署与格局，更差（或更坏）的情况，是可能扰乱计划之中的社会秩序。比如，至 2030 年前后，汽车总保有量的预判（或设定）误差在 5000 万辆之内，则整个社会可能还有应对或"容忍"的能力（空间），但若误差达到甚至超过 1 亿辆，那么计划中的和谐汽车社会就难以实现。以笔者之见，中国汽车市场的极限保有量设定为 3 亿辆左右，是比较务实的，而某些人士称可达 4.5 亿辆（甚至 8 亿辆、9 亿辆乃至更多），则是有害的预言。汽车行业内许多人也希望未来汽车市场年均增速保持在 10% 以上的水平，此种愿望可以理解，但不可行。因为若按照 10% 的年均增速，以 2010 年 1800 万辆为基数，到 2020 年的销量就将达到约 4700 万辆，这是国人所希望的和谐汽车社会难以容纳下或接受得了的。以这样高的年销量，即使从 2020 年开始往后不再增长，那么到 2030 年全国的汽车总保有量就有可能达到约 5 亿辆的水平。果真如此，则和谐汽车社会的局面就将荡然无存。目前，中国的人口占全球总人口的比例不足 20%（实际为 19% 左右），但汽车年销量却已占到全球的近24%。从此角度来审视，我国的这一占比是显得有些高了，表明其可能会对社会经济发展的平衡协调关系产生冲击。尽管现今我国汽车总保有量占世界总量的比例还较低（约为10%），但由于每年的销量绝对值很大，且增速又较高，那么过不了多久，这个比例就将逼近或达到我国人口占世界总人口的比例数值水平，这可不是一个好趋势。

如今，中国确实成了世界最大的汽车市场，但中国自主企业和合资公司的中方，从中并未真正获取最大利益，市场利润的大头（约70%）都被跨国公司拿走了。因此，以此视野看，凡是对我国汽车市场最大容量（规模）与发展速度总是"高估"的预言，皆应保持一份清醒和警觉；对自己而言，是力戒浮躁，反对浮夸，而对"外人"则是警惕，不要上了人家的"当"，或往别人算计的"套"里钻。历史一再证明，中国作为世界上独一无二的文明古国，不惧怕任何艰难险阻，外患的围堵和扼杀也无济于事，倒是盲目自高自大、自吹自擂的浮躁和浮夸，屡屡让其很受伤。这些教训无论是当代人还是后代，都要铭记在心而不能淡忘。中央政府的相关宏观决策和调控部门，应以上述比较务实合理的未来汽车市场发展规模与速度的预判（或目标设定）为参考，一旦实际发展态势有超出此限度的趋向，则应主要是通过经济（市场）杠杆而采取相应的调控措施，将产业引向所希望的发展轨道。除非到万不得已的地步，一般情况下，尽可能不采取诸如限购那样强制性的行政手段。不过，话又说回来，人们对限购的做法也不应过多指责，权衡利弊得失，该措施归根结底还是符合广大民众之根本利益的。同样，各省、市（区）如果对本地区汽车长远发展的规模与速度有一个科学合理正确的预测或规划，不仅可以比较从容地应对汽车社会的到来，在很大程度上，还可避免问题成堆无奈之际而不得不采取那些强制性的措施。

第二节　破除有害的汽车消费观念

一、颓废观念危害大

党的十七届六中全会关于深化文化体制改革、推动社会主义文化大发展大繁荣若干重大问题的决定，不仅对我国整体的文化建设具有重要战略意义，对于我国以社会主义核心价值观为指引，构建和谐汽车社会也具有现实和深远的意义。众所周知，我国是世界文明古国，具有深厚的文化底蕴和良好的道德风范以及行为观念。然而，纵观现今风靡一时的汽车文化情调，一些人所谓的汽车消费行为，却与中华民族千百年来一直崇尚的勤劳节俭、朴实无华、富而不奢的品行格格不入，同时，也背离了社会主义核心价值观。1886年，德国戴姆勒与本茨两位老先生共同发明汽车，其本意只不过是把它当成一种交通工具，使人们的出行更方便快捷，仅此而已。但令两位老先生未曾想到的是，后来有那么多"好事者"，给汽车添加了如此之多的、与技术毫不相干的东西——意识形态观念，久而久之，也就逐渐形成一种不良的拥有与使用汽车的文化氛围。在此种不健康的文化环境影响下，随着现代西方资本主义世界一个新的社会转型——以"生产"为中心的社会，转变到以"消费"为中心的社会，原本很"单纯"的汽车，被附加了太多的社会属性，在一定程度上甚至可以说，已沦为一种"炫（显）富"工具，慢慢变成消费社会中时髦（时尚）、冒险等行为举止的玩物；同时，也越来越成为一种身份乃至社会地位的符号，代表着奢华、权贵、享乐等。在此消极甚至是亚健康状态的心理驱使下，一些人很容易把拥有与驾驶汽车当成自我膨胀和张扬的手段与行头，拼命欲借驾驶"豪车"吸引人们的关注乃至仰视，极端情况下甚至可能丧失理智的情绪失控而造成交通事故。这表明，在此种有害的汽车文化氛围毒害下，无辜的汽车简直是充当了畸形观念的载体。当然，目前在我国，上述的情况还是很个别的现象。但不可否认的是，在我国拥有与使用汽车（即所谓的汽车消费）方面，的确普遍存在"贪大求洋"（例如，以汽车的大与豪华为荣为美，非国外名牌不买等）、讲排场、摆阔气、相互攀比，高（或过度）消费等不良倾向。2011 年 8 月 10 日，英国《金融时报》刊文尖刻地称：中国可能已经足够强大到在债务上训斥美国，但在购买高档车时，大多数中国消费者还是信不过自己的汽车制造业。对全球高档车制造商来说，这是一个好消息……德国高档汽车制造商拥有独特的品牌，令它们成为车主在社会同龄人中彰显成功和展示成就的最好选择……在中国，许多人富裕起来，但他们没有多少经验，于是只能听别人怎么说就怎么做。如果他们的朋友有一辆宝马 7 系车而自己没有的话，就会觉得丢脸……这些人在选择车内配置时也是为了显摆，他们只选能看到的东西，如果看不到则就不买。在世界各个国家，跟朋友、同事和邻居攀比都是购买高档车的强大动机，但没有哪个国家像中国这样严重（见 2011 年 8 月 12 日《参考消息》）。

按照纯粹字面上的解释，消费原本的意思，是为了生产和生活需要或需求而消耗物质财富。在经济学领域，有专家称，生产与消费之间的关系，生产是手段（或者说是工具），消费是目的。在笔者看来，这一说法，只有在一定前提条件下才成立。也就是说，如果说消费是正当、合理与科学的消费，是为了使人们将较差、水平较低的生活提高到较高、较好与较舒适的程度，或者是为了满足正常生产之需要的消费，那么在此情况下，消费就是目的，生产只不过是促进人们生活改善的最重要手段（或工具）之一；否则，就不能如此说。以此来理解，所谓汽车消费，就是为了生产或生活需要（需求）而购买（拥有）和使用汽车，仅此而已。但在不良的社会风气影响之下，这本来很单纯、中性的概念被赋予太多作为社会人（而非自然人）意识形态因素，使得市场上一些人拥有与使用汽车，只是受欲望而非客观需要所驱使。据国内有关研究机构的调查分析：近年来，我国众多大城市私人汽车的猛增与高档奢侈品消费之风的蔓延密切相关，拥有和开豪车，与穿名牌衣服、抽好烟、喝好酒、带名表、挎名牌包一样，成了许多人的时尚消费（或者说成了一种时尚、时髦）；如今都市里的很多年轻人工作后，只要收入在中高层次，不管工作与生活是否需要或必要，只因赶时髦也得买辆汽车，并且档次越高越好，车子与房子、电脑一样，成了年轻人恋爱、结婚的必备条件之一。这种奢侈之风不仅在大城市弥漫，还传染到二三线城市，据说，宾利豪华汽车在中国有 18 家经销商，大部分在二三线城市。2010 年，中国已取代德国，成为仅次于美国的世界第二大豪华车市场。由此可以看出，我国近年来汽车保有量与汽车市场销量的超高速增长，虽然主要是由在全面建设小康社会进程中生产和生活正当需要（求）而拉动的，但不可否认，其中有不合理、不必要的浪费式消费因素。一些有识之士指出，中国绝不应走美国汽车过度消费模式的老路，否则，不仅难以构建和谐汽车社会，还可能影响甚至阻碍现代化建设进程。

二、中国不能盲目效仿美国汽车消费模式

1. 美国整个国家都在过度消费

美国是世界上最发达的国家，总体上讲，有许多地方都值得我们学习借鉴（尤其是创新精神），但这绝不意味着该国什么都好，皆可作他人之范本。其中，就包括该国的汽车（过度）消费模式，备受世人诟病。何谓过度消费？简而言之，就是超出（客观）正常需要（或需求）的、多余的、不合理的消费。因此，过度消费在某种意义上亦可理解为浪费。中文词典对"消费"一词的字面意义解释是中性的，而按照英文字典的释义，消费（Consume）还有浪费的（消极或负面）意思。可见，消费与浪费之间并非隔着"万水千山"，而只如同隔着一层"窗户纸"，捅破了，消费就成了浪费。为更清楚地明白什么是过度消费，笔者举一个很简单的例子。20 世纪 80 年代前期，笔者初次到西方发达国家（诸如欧、美等）出差工作时，令我十分不解而又不习惯的是，在那里一些地方，夏季炎热时，

室内空调非要开到让人"凉"（甚至可以说冷）到需要穿秋衣，而冬季暖气又要开到让人几乎"热"出汗来不可。在笔者看来，这就是那里的人们为追求过度的"享受"而发生的能源过度消费。实际上，如此过度的能耗并没有给人带来真正舒适而健康的"享受"。夏季天热穿汗衫，冬天寒冷穿棉衣，这是大自然赐给人类的"自然"享受，但有些人却反其道而行之，其后果真是难料。再如，当下在我国，汽车已进入家庭，越来越多的人步行少了，坐车多了，甚至"打瓶酱油"也开车。这就没必要，也是典型的"过度消费"，于己而言，开车的油费可能比酱油钱还多。过度消费不仅是美国汽车发展战略的一个显著行为特征，甚至还可以说，整个国家也都在过度消费。美国对外关系委员会外交政策高级研究员沃尔特·米德对此尖锐地指出："同中国一样，美国经济也需要转变发展方式，因为其一直延续着上世纪大萧条时期及第二次世界大战后所采用的增长模式，即大生产、大消费的所谓'福特主义'，它是建立在过度消费上的"（见 2011 年 12 月 26 日《文汇报》）。

看看以下诸多令人难以理解的现象吧。纵然美国政府有着上万亿美元的庞大赤字，经济深陷危机，但美国人仍然我行我素地过度消费。没钱买车的可以买车，本身没有能力住别墅、驾游艇的，照住、照玩不误……有一年，笔者去美探亲，在一大型超市购物时，曾亲眼目睹一位女士推着手推车大把大把地往小车上放东西，瞧她那样子，根本就不在乎这些商品于她而言，是否急需或者贵贱。当小车堆满商品到超市出口结账刷卡付款时，才知道信用卡的余额基本为零。美国人透支消费的现象十分普遍。笔者这里还有一个美国人过度消费的最新例子。2011 年 12 月 25 日，奥巴马总统的夫人在这个圣诞节假期，疯狂购物竟花费了 400 万美元，连总统顾问都惊呼："米歇尔的花销完全失去了控制"。如此"上行下效"，过度消费之风又怎能不盛行？据美联储 2012 年 1 月 9 日发布报告称，近期，美国市场释放出相对积极的复苏信号。这虽然是一个好消息，但也不免让人有所担心，就是美国人又开始透支消费了，这会否再次危及其金融安全？美国整个社会的过度消费模式和风气，必然会影响到汽车业。美国的汽车过度消费至少表现在两个方面：一是投入使用的汽车数量过多，汽车密度高，不该使用汽车的地方也使用汽车；二是汽车的使用强度大，能耗高，在一定程度上，甚至是挤占了世界其他地区人们应该使用的资源。这些可以从以下有关的数据窥豹一斑。

2. 汽车过度消费更甚

美国一向以"车轮上的国家"自居自傲，整个国家确实是汽车遍野，车流滚滚。粗略统计，美国人口占全球总人口的比例不足5%（实际上大致为：3亿人÷70亿人×100%≈4.3%），而汽车总拥有量却占全球总拥有量的24%（即2.4亿辆÷10亿辆×100%≈24%）；千人汽车拥有量达到约800辆（即2.4亿辆÷3亿人×1000≈800辆），约是世界平均水平的5.6倍，几乎是平均每人拥有一辆，每户拥有2辆（乃至更多）汽车。

与欧洲、日本等汽车市场上小型、低油耗车大行其道不同，美国人向来偏好外形、排量皆大的汽车，油耗高。尽管近年油价上涨，号称"油老虎"的车辆有所减少，但总括起来看，美国汽车总能耗量巨大，是该国的能耗"大户"。由此也促使该国以不足5%的世界总人口占比消耗全球约25%的能源（该比例与其汽车保有量占世界汽车总保有量的比例基本相同）。难怪仅就这一事实，国际上很多学者均对美国提出了尖锐批评，若全世界的人都依照美国人的生活方式如此高耗能，那么就是有三个乃至更多地球也不够用。分析可知，美国的能源战略，在很大程度上，是围绕着保证汽车用油而谋划、实施的。无论是民主党或共和党，对于其任何一届政府而言，若做不到或做不好保证石油供应与足够的资源储备这件事，则总统的"宝座"就可能坐不稳。从此角度看，甚至可以说，共和党或民主党政府已被美国汽车的过度消费所"绑架"。

美国伊利诺斯大学城市规划系教授张庭伟于2011年11月，在武汉的一个论坛上指出，武汉可别再走"以车为本"的美国城市发展弯路。该国从 20 世纪 30 年代开始大规模普及私人汽车，同时伴随着进行城市改造，围绕着汽车而调整城市结构和布局，主要的商业服务及业余活动，皆要开车经高速公路往返。在美国城镇，除了少数城市公共交通（主要是地铁和轻轨）比较发达便捷外，多数城市公交网线都比较稀疏，无车族出行"难于上青天"。就美国整个疆土区域的交通而言，除了飞机（航空）就是汽车。先前，火车在美国交通运输中也曾扮演过重要角色，但后来因为汽车的过度使用而逐渐衰败了。对此，美国的不少有识之士也认为，这是美国的一个大失误。难怪现在该国，多个州均在酝酿要修建高速铁路。当代交通发展史表明，在交通运输业，"汽车独大、独尊"并不是好现象，而是不科学、不合理的。当今世界各种交通工具之所以皆能发展，均缘于它们各有独特优势和存在的客观必然性，每种交通工具都有自己最佳的适用范围（或场合）。例如，在一般情况下，飞机适用于长、远途及时间要求上比较急迫（切）的出行，火车（高铁）适合于中长（远）途及在时间上无特别紧迫要求的出行，汽车适合中短途及个性化灵活性要求高的出行，内河船舶游船，则适合摆渡、山水观光旅游休闲度假式的出行，而地铁、轻轨等，则适合于市区通行。如果市中心区域因交通堵塞而使汽车的时速只有 20km 左右的话，那么短距离出行骑自行车还更方便些，其可表现出更大的优势。对于诸如美国、中国等疆域比较辽阔的国家而言，各种现代化的交通工具应用，不是彼此可以替代或"你死我活"，而是可以做到优势互补，取长补短，各得其所，协同发展。这才符合此类国家的总体利益。

3. 汽车过度消费的客观与历史原因

研究表明，美国的汽车过度消费，有其客观的和历史的原因。

客观因素，主要在于美国的自然地理条件和资源禀赋优越，得天独厚，人少地多，疆土广阔，物产丰富，尤其是能源资源比较充足。此外，20 世纪 20～30 年代，该国发展汽车的外部条件也是无忧无虑，当时在世界上，只有美国一个国家真正实现了汽车的大批量生产。那时，人们甚至也不知道"能源危机"和"环境污染"为何事何物，也想不到此类事会和发展汽车扯在一起。由此可见，美国在那个时代，普及汽车与轿车进入家庭的环境和条件是何等的宽松。虽然这些客观条件并非必然导致或引发汽车过度消费，但如果人们对此把握不好，自恃优越，认识上有片面性，国家相关决策（或政策）有误，那么就比较容易助长（起码是放任）过度消费之风。

历史的原因主要有以下几个。首先，福特首创流水线式大批量汽车生产方式，使汽车的制造成本和销售价格大幅下降，而那时整个美国经济也相应发展很快，民众收入普遍提高，这使得许多家庭都能买得起汽车（普通家庭不到半年的收入即能买到一辆新车），汽车消费也真正变成了大众消费。长期以来，美国又一直实行低油价政策，甚至使汽车"喝"的汽油比人喝的矿泉水还便宜。如此这般，导致拥有与使用汽车的成本很低，客观上助长了市场上追求大排量、"油老虎"车的消费趋向。其次，在激烈竞争的市场上，自20世纪80年代以来，各个汽车企业为推销汽车，争取用户，纷纷出台购车"零首付、零利率"的销售政策。站在厂家的角度看，该政策当然是提升了自身的销售业绩，但若从全社会整体利益看，此举却对美国的汽车过度消费起到"推波助澜"的作用。有关专家深入分析后认为，"零首付、零利率"的推销手段，尽管能在短期内较快地扭转汽车销量的下滑，但从长远根本利益看，对整个业界和汽车厂家本身皆无好处。克莱斯勒公司的一位高管对此政策曾进行过尖锐的批评，认为它只会让企业在短暂的旺销之后大伤元气，汽车厂商是自毁未来。由企业承受巨大风险的零首付、零利率政策，使得大量没有现实支付能力的消费者，超前（超出自己能力）购车而圆了汽车梦，但长此以往，汽车企业就有可能深陷财务危机而不能自拔。通用、克莱斯勒等美国汽车公司，前些年在全球金融危机爆发时几乎倒下去的残酷事实，就是这一类政策措施负面作用日积月累的结果。再者，美国率先在世界汽车业建立了最发达、最繁荣的二手车市场，促使车辆高频率过快更新，使得一部分消费者，无休止地追求过度拥有新颖时尚的汽车。

4. 中国必须以美国式汽车消费为戒

综上所述，美国的汽车发展及过度消费，有其自身的客观条件和历史渊源，中国不仅学不了，更重要的是无此必要。尤其是在当下时代，世界面临可持续发展的严峻挑战形势下，我国更应摒弃这种过时的、不科学的发展模式，走自己独特的路。前面曾提及的美国学者张庭伟最近说，在中国内部，也有不少人从比较中美两国汽车人均保有量还有很大差距这一点出发，力推中国更多更快地发展私人小汽车，其实，这种说法有误。美国过量发展私人汽车已被证实是个大失误，对己对世界都不利，很多美国人也都在反思此事，别的国家再走同样或相似的路，很可能是灾难性的（见 2011 年 11 月 29 日《长江商报》）。说实话，笔者对美国有识之士关于中国发展私人汽车不能走美国弯路的忠告，起初是很反感和抵触的，认为这是想剥夺中国的发展权。2000 年前后，笔者受时任东风汽车公司总经理苗圩的委派，参加由中国工程院和美国国家工程院联合组织的《中国家用轿车发展》的研究课题项目。当时，在预测中国未来家用轿车普及趋势时，美国国家工程院的一位专家指出，依据中国具体国情与美国有很大的不同，前者不宜走后者高度汽车化的老路，中国未来的汽车总量应处在一个与能源供应、基础设施状况、环境污染治理程度等相适应或相互之间基本平衡协调的水平上。笔者（也包括一汽、上汽的代表等）一听此话，就十分不悦，认为该专家也和个别美国政客一样，心怀大国沙文主义，只顾自个享受汽车文明而阻碍中国发展汽车，根本听不进普通美国学者的学术研究意见。一直到 2009 年，我国超过日、美成为世界最大汽车生产国和最大汽车市场而汽车社会矛盾凸显时，笔者才蓦然想起早先美国专家的这个善意提醒是实事求是的。

第三节　培育健康汽车文化是中国汽车可持续发展的需要

一、概论

所谓汽车文化，从狭义上讲，就是社会上人们对于拥有与使用汽车的认识、思想观念、意识形态，以及由此而影响或支配的行为举止等，基本上属于精神层面的东西。如果这些主要存在于人们头脑的东西，在一定时段和范围内，普遍为人所接受或认可，那么它就将在一定的社会层面和范围形成某种风气或风尚，构成一种氛围或习惯，久而久之，也就逐渐演变成一种汽车文化。汽车文化好似看不见，摸不着，但它确实存在，潜移默化地影响甚至决定着人们拥有（购买）与使用汽车的方式。

当前，培育健康、积极向上的汽车文化，是我国精神文明建设的重要内容之一。良好的汽车文化，能有力地促进中国汽车科学、可持续的发展，在某种程度上，其发挥的作用甚至比某个（种）硬件的科技成果还要大。因此，培育具有中国特色的健康的汽车文化十分重要，而且也十分迫切。全社会都应高度重视，积极参与，齐心协力而为之。培育中国特色的汽车文化，要体现社会主义核心价值观；同时，还要继承和发扬中华民族的传统美德，结合当今全球化时代特点，博采众长。基于此，具有中国特色的汽车文化，至少应该表现出以下特征和内涵：社会普遍养成了拥有（购买）与使用安全、品质优良、朴实、节能、环保、低碳汽车的观念与风气，而"为消费而消费"的奢华、炫富、浪费等不良行为，则为多数人所不齿。有品质的中国汽车文化，才能成为中国汽车进步和可持续发展的基点，成色不足、品质低劣的汽车文化，却往往是汽车公民心灵的枷锁，进步的桎梏。

在良好的汽车文化熏陶之下，人们在购买汽车时，皆会依据自身的经济生活条件以及客观实际需要，从节俭、节约、朴素的观点出发，去选购正好符合自己正常生活（生产）要求的汽车产品。在健康的汽车文化氛围中，当车主坐在车上手握转向盘时，他（她）就会情不自禁地深感，从今往后，自己责任重大；谨慎驾驶，文明行车，安全出行，不仅是对己，对家人的安全负责，还是对别人、对社会负责，"尊重他人，珍惜自己"，是汽车公民必须拥有的理念和价值观；拥有属于自己的汽车，"圆了汽车梦"，这不单是自己和家人的努力奋斗有了购车能力的结果，而且在很大程度上，也是因为国家、社会为每一位有车族提供了相应的必要条件。不是吗？请想想看，相对于无车族而言，因为要修建一系列的诸如道路等基础设施，有车者毕竟要占用更多的空间与面积（据有人研究，在街上，行人占用的空间仅为 $3m^3$，而汽车至少占用 $115m^3$；汽车运行需要燃油，为满足全国上亿车主的用油要求，国家每年都要在国际上付出很大的努力，并动用相应的资源与手段来筹措石油。可能有些车主会说，买油自己是付钱的。是的，你是付了钱，但还要知道，世上总归有些东西仅凭有钱是弄不来的。从上述的情况及从此意义上讲，每一位有车者和驾车者，对国家、社会乃至无车族，均应有一份感激之情，对社会也理应负有更多、更大责任。

二、"从我做起"最可行有效

　　培育健康汽车文化，需要汽车社会所有参与者的自觉主动精神。文明行为举止，首先"从我做起"。比如当下，全国几乎所有的城市，交通拥堵，空气污染严重，许多人都首先抱怨政府有关部门，没有把城市治理好。诚然，各级政府对此负有最重要的责任，但如果再往深处讲，每个人，尤其是有车族，是否也可以为此做点什么呢？设想一下，若人人都能尽量减少自己不必要的开车出行，降低燃油消费，减少碳排放，那不就可以相应减轻上述这一类"城市病"的危害程度吗？笔者有一个好朋友，是一个高级知识分子。他最近买了一辆新车，但他每天上下班仍与往常一样，还是骑自行车。他说，买车是为了平时出远门方便些，自己家离工作单位不到 5 里路，用不着开车。他还给自己立了一条规矩，就是不超过 10 里路的出行都不开车。这就是培育健康汽车文化典型的"从我做起"的行为举止。再如汽车消费方面的奢华攀比之风。有人说，自己是受到不良社会风气的影响压力被动而为之，从内心讲，也不是非要买那样高档豪华的车不可，但看到"哥们"都买了，自己不买就会被人瞧不起。而笔者却坚持认为，外部的不良影响只是一个微不足道的因素，更重要的还是在自身，正所谓"清者自清"。相关的心理学研究也认为，人的真正自信来自于其内心与理性，而不是假于外物。恰如有人的一句幽默话说的那样，坐在豪车上的臀部也不会变成"金屁股"。缺乏内在素养的品质和气质，用再华丽的外表去装饰，也不会得到世人真正的尊重或敬仰，自身内心也难以真正的平衡（或平静）。

三、舆论宣传要客观

应当说，现阶段，我国媒体舆论界的主流，也都认识到培育积极、健康的汽车文化，对构建和谐汽车社会及中国汽车的可持续发展十分重要，并为此作出了相应的努力。但也要看到，某些媒介，例如个别依赖于汽车（业）生存者，在传播汽车知识及相关信息的同时，确实存在片面性、非客观性，在宣传汽车及汽车业重要性的时候，说些过头话。厂商为了推销产品，在广告中"夸大其词"，尚有情可原，但作为第三者（中立者）的媒体，在报道或论述某事时，就不能不讲客观性，否则，将会误导大众。除此之外，一个在全国舆论界广为流传的所谓的"刺激消费"（自然也包括刺激汽车消费）的提法，仔细推敲起来也不怎么科学，容易在普通大众中产生误解，对构建和谐汽车社会、培育健康汽车文化以及中国汽车可持续发展有害无益，应予"正本清源"。

1. 过分强调消费不可取

通过深入研究可知，时下在我国，普通老百姓所理解的"消费"

与经济学家论道的"消费"是有差异的，并不完全是一回事。前者所意"消费"，是日常生活之"油盐酱醋，衣食住行"等，而后者所言"消费"，是政治经济学中的专业术语，具有特殊的意义，其更多的是相对于生产而言的。如前面的有关段落所述，在20世纪20年代前后，西方资本主义世界曾经历过一次社会转型，即从以生产为中心的社会，转变到以消费（以及消费服务）为中心的社会，由消费（亦即市场）拉动生产。经济学家称，为了使经济有较快的增长，就得有更多、更大的消费（也就是说使人们有更多的需要，亦即扩大需求），有些媒介从理论上也"不明就里"，为了强调这层意思，干脆就说成要刺激消费。诚然，在经济学范畴内，如此说并无错，但普通老百姓并非人人都谙熟政治经济学知识及有关术语，他们仅凭自己基本的（文化）常识来理解消费。例如，如果说要刺激消费的话，那么就是要多消耗掉一些东西。全国政协常委、中科院院士武维华教授最近的一项研究，从一个侧面为此提供了某种佐证。该项研究表明，在我国近年的餐饮消费中，为消费而消费的"面子消费"之浪费现象极为严重，甚至是"触目惊心"，每年浪费掉的食物总量（折算起来）可养活2.5亿~3亿人。君不见，在餐桌上（尤其是节庆时），许多人本来只需"点"少量（或适量）的饭菜就足以满足（客人）需要，但作为"东道主"者怕"点"少了会丢面子，一般会多出正常需要量的20%~30%，并且还说什么，多"消费"一些是"爱国"行动，可以为"拉动经济增长"做贡献。请看，在此情景下，"消费"竟然成了浪费的"借口"和"托词"。武院士对这样巨大的浪费现象曾痛心疾首。武维华院士的研究课题还认为，造成此种现象发生的原因，当然主要是涉事者的责任，但与全国的不良风气很有关联，其中，在宏观经济发展中一些自诩（著名）经济学家和有关的舆论宣传，盲目地提所谓的"增加消费"及"刺激消费"等口号，也在一定程度上助长了此类奢侈之风的蔓延。

另据有关专家研究认为，不恰当的过度强调消费，也很容易导致以消费为中心或以消费为（唯一）生活目标的、为消费而消费的享乐主义的滋生，也就是陷入了所谓的消费主义的危险境地。由此可见，不分受众对象（尤其是面向普通大众），笼统地提"增加或刺激消费"的口号，很容易误导老百姓，会产生意想不到的负面影响。对此，还是应该严格遵循中央的提法。2011年12月，中央召开了全国经济工作会议，提出了以扩大内需为战略基点的思想。按照笔者的理解，该思想的精神实质，就是从提高广大中低收入者的生活水平出发，促进这一巨大群体为改善原本较低、较差的生活状况而对生产与生活正常客观需求的较快增长，由此拉动经济（市场）的平稳较快发展。所以，这种扩大需求的提法要比扩大消费或刺激消费的说法恰当得多，可使普通老百姓更准确地理解中央的政策精神实质。也正是出于这一考虑，笔者在本节中，就尽量不使用"汽车消费"这个概念，而是以比较中性的"汽车的拥有与使用"来代替，尽可能避免负面作用。

此外，盲目地、不恰当地提刺激消费，也不符合我国的基本国情。我国确实"地大"，但"物"并不"博"，相关的能源资源除以13亿，人均拥有量就少得可怜。现在，我国虽然按GDP总量计算排列世界第二位，但从很多基本性衡量指标上讲，依然是一个发展中国家。尤其是经过近30年的经济高速增长，消耗了巨大的资源，环境污染严重，我国支撑此种粗放模式增长的能力越来越被削弱。据有关专家研究，未来若干年内，包括土地、各类资源、矿产原料、水等在内的自然资源将超过资金和技术，成为对我国经济增长的首要制约因素（见2011年12月23日《经济参考报》）。鉴于我国社会主义国家的性质，又不允许走霸权扩张、对外掠夺之路，因此，解决可持续发展问题只能依靠我们自身，要把每一种、每一份资源物质（物件）的利用做到极致，效能发挥到最大，要精益生产、精益制造、精益管理、精益生活。对任何一项投入与物耗，都要精打细算，"斤斤计较"，推广循环经济。提倡生产资料和生活用品的重复利用。培养科学合理的消费观念与习惯，倡导精益消费，杜绝和反对铺张浪费的生活方式。据称，前不久一位国务院参事在一个公众

第四章 全方位思谋中国汽车可持续发展之策

场合上说，包括节能在内的一切节约行为，就是爱国家、爱自己、爱子孙。不尊重国情，一味简单模仿（效仿）一些西方发达国家的消费模式（其实，这些国家现在也在反思），到头来，只会给我国带来更大的资源浪费与损耗，生态环境更加恶化。反之，必然降低自己及后代的消费质量与生活质量，有百害而无一利。放眼未来，为了中国人民世世代代的可持续发展，从当代、从自身开始，就要坚持过简约的生活，实行最严格的反对浪费和最有效的奖励（鼓励）节约的政策措施。如此说，并不是要人们再从头过"贫穷"日子，也不是说经济不要增长，而是说其增长得要更合理、科学，不增加或尽可能少增加对能源的需求，不破坏环境，不制造更多污染物和排放物。据国际上有关机构的研究，若中国未来（几十年内）要实现成为世界"中等发达国家"的夙愿，人均实际 GDP 达到目前的 4倍，那么其资源利用率就必须提高到当前的 7 倍，而现在我国在资源利用效率的多项指标上，均比世界先进国家低得多。

2. 宣传舆论要提振人的精神

以上论及资源（亦即物质）等客观条件对中国进一步发展的极端重要性，但此并不意味着要否定精神文化等软实力在其中应发挥的作用。恰恰相反，在我国可持续发展面临极大挑战的当今时代，除了强调要加快转变经济发展方式等之外，就是在舆论宣传上，大力提倡"人是要有一点精神的"。一个国家、一个民族的精神面貌和文化（广义上的）氛围，很可能决定着这个国家的走向。如果一个国度被自私、贪污腐化、贪图享乐、好吃懒做、坐享其成、挥霍浪费、骄奢淫逸、萎靡不振之风所笼罩，那么它离衰败也就不远了。相反，一个国家即便暂时还很贫穷和柔弱，但只要具有不屈不挠的精神和决心，艰苦奋斗，克勤克俭、埋头苦干，人人都有"先天下之忧而忧，后天下之乐而乐"的宽阔胸怀，长期坚持不懈，则民族必兴、国家必强。纵观全球，综合国力竞争的一个明显特征，就是精神文化软实力的地位与作用更加突出，许多国家（尤其是大国）均把提高文化（精神）软实力，作为增强其国家核心竞争力的重要战略。眼下，国内学界都在讨论中国如何成功跨越所谓的"中等收入陷阱"。不少人士也都提出了很好的意见，诸如怎样更好发挥"投资、内需、出口"三驾马车推动经济增长的作用等。如此这般的认识并没有错，但其中却忽略了"精神"作为支柱对国家发展的作用。以笔者之见，上述三驾马车还需添上"农村（农业）发展"这个强劲动力，再加上一个"精神文化"支柱（或精神文化"激励器"）。像日本、德国、韩国、新加坡等国，是世界上成功（或比较成功）跨越所谓"中等收入陷阱"的国家，它们有一个共同的特点，就是资源条件都不怎么优越（甚至很不好）。但这几个国家总体上讲，风气正，人们的精神面貌好，有积极主动、奋发向上、勇于创新的"劲头"，而个人生活则普遍都较（或很）节俭、低调、做事认真、实干。笔者曾在德国长期工作、生活过，对该国民众"富而不奢"的品行有切身感受。在此国，也有不少富人开豪华车，但他们并不张扬，在一些城市的街道旁或房前，会停放着很高档的汽车，但人们往往难以辨认它是什么品牌的车，因为车主把标牌摘下来了（或者是制造厂家在汽车出厂前，应车主的特别要求，根本就没有装配或镶嵌车标之类的代号或图标）。不像在我国，一些人的车明明是自主品牌，但却硬要把原来的车标换成诸如奔驰、宝马之类的进口豪华车标。一个"炫富"，而另一个则怕"露富"，两者形成了鲜明对比。世人都知道，德国人做事特别认真，其实，该国民众的节俭也是出了名的。无论是企业还是居民，个个都是"拧紧水龙头"。笔者在德国待那么多年，曾专门留意工厂、公共场所及家居的设施，但从没有亲眼见过水龙头有"跑、冒、漏"水现象。据有关资料统计，现今，德国每户家庭每天的生活用水量，平均只有127L（而用于吃饭、喝水等只需要4~6L）。德国的工业用水重复使用，至少要循环3次。几年前，德国总理默克尔访华期间，在南京一间酒店用早餐。在拿食物时，她不小心把一片面包掉在地上。她将面包捡起，放回盘中接着吃。实际上，该国这种吃饭不浪费的现象十分普遍。该国很多餐馆都明文规定，自助餐和点餐都不能浪费。如果浪费，任何见证人都可以向相关机构举报，工作人员会立即赶到，并按规定罚款。据笔者在德国亲眼所见，这里的人们在餐馆就餐时，都会先仔细想想自己能吃多少再点餐，绝不浪费。在家做饭时，更是精打细算，通常都是称量后再做，几乎从来没有剩菜剩饭。韩国跻身于世界发达国家之行列，在一定程度上，也可以说得益于其特有的"民族精神"。举例说，韩国人在购买（拥有）与使用汽车方面，已形成一个非常强烈的观念，就是对韩国车"亲"，对外国车"疏"（即排斥）。在该国，进口车所占比例很低，绝大多数民众以开本国车为荣，而开外国车者则可能会被鄙视。我国当下风气正好与此相反，令人深省。这里，笔者再讲一个整个国家充满"富而不奢"风气的例子。巴林是海湾石油富国，到处是有钱人家，但多数人都过着比较节俭的生活，尤其是表现在拥有与使用汽车上。据去过该国的人士回来讲，在该国城区的街面上，很少见到有"悍马"之类的美国品牌高油耗汽车，而小型省油的日本车则比比皆是。

四、政府要发挥关键性的主导作用

各级政府在培育健康汽车文化方面责无旁贷，有关于此的正确作为，起着主导、引导的关键性作用。但如此说，也并不是要政府强行介入汽车公民的意识形态，让人们该怎样，不该怎样，而主要是通过宣传舆论引导，营造健康汽车文化氛围；依据形势发展状况，适时制定和出台相应的标准、法规以及政策措施等，促使民众基于自身利益、使用方便性等等因素的考量，而购买与使用节能环保低碳汽车。在此方面，政府可以做许多事情。其中，以笔者之见，下一阶段最应该做的，就是及早在全国范围内，实施真正意义上的燃油税。前些年，国内也广泛讨论过此事，但最终相关部门以实际操作难度太大而将之搁置。归根结底，中央政府应从大局出发，进行全面衡量和评估，只要利大于弊，就应排除万难去推行。

本书前面的章节已反复论证，我国汽车社会当前表现出来的尖锐矛盾，一方面是与汽车总数量的快速增多有关，另一方面，也与汽车使用强度过大（表现在年总行驶里程上）有关。缓解汽车社会燃料供应短缺、排放污染严重等矛盾的措施与手段，从理论上讲主要有三个：一是控制汽车总量；二是减少汽车行驶里程（包括减少汽车出行次数）；三是提高汽车节能减排性能（例如降低汽车的百公里油耗和排放量等）。对于控制汽车总数量，尤其是限制民众购买汽车，在国内争议颇大，说服群众让其接受，实在不容易，也需要很长时间让客观事实来佐证。因此，不到万不得已，不是哪个城市都能轻易出台此类措施的。与之相比，想办法减少（有车族）汽车的出行（次数）和倡导购买节能汽车等措施，则比较易于为群众所接受。

环顾全球，当前，世界上大多数国家（地区）对汽车使用阶段实行的税费项目，是以征收燃油税为主，该税额约占汽车整个寿命期内总税费的 40% ~ 80% 不等，占燃油价格的 50% 以上。这也就是说，世界多数国家（地区），汽车税费的重点是放在汽车使用环节。其根本思想是，在整个社会达到比较高的汽车化情况下，不刻意限制购买（汽车），但为了促使节约，则会不同程度地限制使用（出行）。对汽车在使用阶段征收燃油税，比较科学合理，同时也比较公平。因为汽车只有在行驶时才涉及对公路（道路）的使用与损耗，依据用户付费原则（即谁使用谁掏钱），道路、公路等交通设施的建设与维护费用应由汽车使用者承担，而不是汽车拥有者。燃油税最直接地体现了多用路多掏钱的原则，比较公平合理。据研究，世界大多数国家（地区）实行燃油税后，在汽车行驶过程中，一般不再收取过路、过桥之类的费用。

第四节 汽车共享模式可供借鉴

一、基本情况

众所周知，汽车由上万个零部件构成，其制造是一个很复杂的过程，一辆车需耗用至少数百千克乃至更多的各类原材料，同时，也需要消耗大量能源和排放各种有害废物，给环境造成很大负担和负面影响。制成后，若大多数时间都停放在那里不使用，就是很大的浪费。若能充分发挥每辆汽车的功用，使其利用率达到最大化，那么就可在保证人们出行便利性的同时，明显减少一个地区（城市）乃至一个国家的汽车总数量。对于个人或家庭而言，有了汽车不用（或大多数时间不用），其实质就成了摆设，不仅浪费了钱财，还需要找地方存放，麻烦的事一个接一个。如此一来，一件原本很好的东西便成了累赘。假若要免除此类不必要的负担，偶尔使用一下汽车，在过去要租一辆车，而现在则可以"汽车共享"的方式来满足需要。

"汽车共享"最早出现于 20 世纪 40 年代，由瑞士率先提出和采用，是对当代社会汽车消费模式及人们出行方式的一种创新。当时，人们在瑞士全国组织了"自驾车合作社"，一个人用完车后，便将车钥匙交给下一个人。"汽车共享"首先在瑞士兴起，与该国人们诚信好并形成良好风气有很大关系。当然"汽车共享"的思想也并非"自天而降"，它也是从汽车租赁这种用车方式得到启发而创立的，但它又不同于汽车出租。当今在欧美一些国家越来越流行的"汽车共享"，完全是建立在现代先进的物联网等电子信息技术高度发达的基础之上，因此，比租赁汽车更方便快捷，更能满足个性化的需求。现在的"汽车共享"方式，可实现租车、用车、还车全程用户自助式服务，随时就近用车，按小时甚至分钟付费，可让用户切身体验到车辆虽然不直接属于自己，但与自己专有一辆汽车并无什么区别。同时，还能给自己及社会带来一系列好处。因此，"汽车共享"在欧美等地区获得推广是有道理的，符合当今时代可持续发展潮流。研究表明，"汽车共享"从一定程度上，也可以说是西方发达国家（地区）对先前汽车过度消费的一种反思与改正。业内一些人近年为了说明中国汽车发展取得的巨大成绩，往往很强调西方发达国家（地区）汽车市场一个时期以来的低速增长（甚至低迷），其实，这种认识有片面性，缺乏深度分析。不可否认，这些地区（国家）汽车市场的不振，其间是经济因素在起作用，但也与这些国家（地区）许多人为保护环境，过低碳生活而自觉主动地减少汽车消费（即减少拥有与使用汽车）有关。除了推行"汽车共享"方式外，出行尽量选择公交和骑自行车（短距离甚至步行）也已成为明显趋势。例如日本，尤其是在大城市（如东京等），虽然几乎人人拥有汽车，但在很多情况下，人们下上班并不开车而乘公交。在北欧丹麦，如今骑自行车上下班已很普遍，据称，该国约有四分之一（在首都哥本哈根市是三分之一）的人，上下班不开车而是骑自行车。韩国更是对骑自行车者偏爱有加，给予一定的资金补贴。

现在，流行于欧美地区（国家）的"汽车共享"，大致主要有两种形式：一种是民间自发的团体组织，类似于瑞士早期的"汽车自驾车合作社"，或者像瑞典的"汽车私有共享联营制"；另外一种，是类似于汽车租赁公司，由专门的投资经营者组建。前一种是以自己的私人汽车入伙，取得会员资格后而获得汽车共享资格。这种组织不以盈利为目的，完全是为了充分发挥汽车的使用效率，进而从总体上减少整个社会的汽车拥有量。而后一种，除了顾及社会效益外，也要兼顾盈利，以求企业自身获得必要的生存发展空间，否则，社会效益也就成了空话。

二、汽车共享的好处

1. 经济、社会效益可观

据有关文献介绍，与专有的私家车相比，共享汽车的用户每个月可节省费用约 600 美元，给相关人员带来可观的直接经济效益。在堪称"汽车共享"应用推广典范城市的德国不来梅市，汽车共享会员租一辆小轿车，每小时仅需 1.9 欧元，其中还包括油钱。这种用车方式很有竞争力，深受收入不高的年轻人的青睐。"汽车共享"还特别有利于降低中小企业的运营成本。这一类企业，因工作和经营需要，往往会使用多种类型的车辆（而每一种类型车的数量又不大），若自己组建车队，则购置维护等费用极高，且难以发挥其效用。成为汽车共享用户后，这些问题便迎刃而解。汽车共享不仅大大提高了车辆的使用效率，还减少了社会上的汽车总量，因此，可大量减少因修建道路、停车场等设施的占地面积。据有关研究，推出一辆共享汽车，可减少多达 9~15 人次的个人购车行为，比采用行政命令式的限购还有效。按照不来梅市的经验，该市仅投入 150多辆共享汽车，就取代了 1000 辆私家车，大致是 15:100 的关系。瑞典通过实施"汽车共享"用车方式，个人（专享）汽车使用频率降低 20%，无效运输量也降低 20%。同时，土地资源也得到合理利用。

2. 有利于环境保护

据相关文献称，粗略估算，2009 年在北美地区，每辆共享汽车使得在路上运行的私家车减少了 16 辆，即达到 1:16 的关系。换一句话说，"汽车共享"方式一下子把私家车的利用率提高了 16 倍；与原来拥有（专享）私家车相比，共享汽车会员开车减少 30%。这两项使汽车的 CO_2 排放量减少一半，为保护环境作出了很大贡献。德国不来梅市因推行"汽车共享"，仅此一项，就使该市每年减少 CO_2 排放 1600t。除此之外，还在一定程度上，缓解了市区交通拥堵以及停车位紧缺等社会矛盾。

三、当前发展情况

近年，北美和欧洲地区共享汽车用户数量不断增长，在社会上已经形成了一个比较明显的发展潮流。截止到 2008 年 7 月的统计：加拿大有汽车共享会员 4 万，共享汽车 1700 辆；美国约有 20 家共享汽车公司，会员近 39 万，共享汽车约 6000 辆。据悉，有一家叫 Zipcar 的"汽车共享"租车公司，于 2000 年创建，可按时段向用户提供租车服务，即使只租用 15min 也能遂愿。该企业近年生意甚好，并于 2011 年 4 月在纳斯达克上市，股价已超出发行价的 60%。据统计，目前德国有 2400 个汽车共享服务网点，投入使用的共享汽车有5000 多辆，平均每辆车可为 38 个人提供服务，已有超过 19 万人体验汽车共享的服务。其中，不来梅市已经积累了相当成功的经验。瑞典推行有本国特色的所谓的汽车私有共享联营制，就是人们出行可以驾驶自己的车，也可以驾驶别人的车，用完后，将车停在合作社内。通过该合作社组织严格的软件管理，其他人就可就近借用这辆车。在人口密集的新加坡，"汽车共享"模式已获得实质性推广，有越来越多的人使用"共享汽车"来解决自己的日常出行。尽管很多新加坡人按经济能力甚至可以买得起几辆私家车，但一天用车的时间并不多，"共享汽车"基本能解决出行问题，推行这种消费模式，于公于私都有好处。

时下，"汽车共享"消费模式，虽然未对汽车制造商的营销产生什么明显影响，但已在业界引起极大关注。表面看，该种模式的推行，从总体上讲，可能会使汽车市场销量有所减少，然而却有利于汽车社会的和谐发展，化解有关的矛盾和不协调，对汽车业长远的可持续发展有益，如此，最终对汽车厂商还是有利的。并且，这种消费模式的扩展，于汽车商家而言，本身就蕴藏着一定商机。基于这种战略眼光判断，已有不少汽车厂家开始以积极主动的姿态参与其中。福特公司董事长比尔·福特就认为，未来城市交通方式，将主要由公交车、共享汽车以及（适量的）私家车等构成。德国宝马和戴姆勒—奔驰公司是"汽车共享"的先行者，其初衷，是为了那些想拥有豪华车但又负担不起昂贵购置费用的年轻人着想而提供相关服务的。宝马公司根据市场需求，在欧洲推出宝马一系列车供租赁，每小时只需付16欧元，租较大些的5系列车，包括服务及清洁等费用，每小时也只有23欧元。奔驰在德国奥斯汀、得克萨斯和乌尔姆市，也开展了这种"汽车共享"服务项目，提供的车型为斯玛特（Smart）小型高档轿车。继这两家公司之后，大众公司也加入到推广"汽车共享"的行列，决定从2012年秋季起，在汉诺威市先行试点，初步建立50个"汽车共享"网点，首批投放的车型为大众高尔夫柴油轿车；以后还将陆续在德国全境再建50个服务站点，投放诸如Caddy和新型大众甲壳虫牌轿车。该公司将此种新的服务业务称之为"快享车"项目。

在"汽车共享"的文化氛围中，当下在西方一些国家（地区），民间又兴起一种所谓的"拼车"出行风尚，实际上也是一种"汽车共享"方式，很值得赞许。就是邻里、同事、熟人之间，若上下班或别的出行，目的地相同（或同一方向），一个人或一家人开一辆车有空余位置的话，那么其他人就可以顺道搭车。据《法国晚报》2011年12月20日报道：有越来越多的法国人在圣诞新年双节期间选择拼车出行，今年圣诞拼车人数创下历史纪录；预测称，在2011年12月19日至2012年1月2日期间，将约有45万"拼车出行"车辆，相当于1100列高速火车的载客容量。这种"拼车出行"显示出很大的经济优越性，例如，从巴黎至雷恩，乘火车的费用是102欧元，而拼车只需28欧元。

据有关研究机构预测，"汽车共享"这种拥有与使用汽车新模式，今后将会在世界各地区（国家）获得更进一步推广普及。至2016年，欧洲和北美的汽车共享用户将大幅度提高到1000万，共享汽车约15万辆（按一辆共享汽车相当于10辆普通车的使用率，则意味着约拥有150万辆汽车）。发展新能源汽车是一项新生事物，而"汽车共享"对汽车业而言，也是一项"新鲜"事。基于此，欧美不少国家正计划把这两项新生事物结合起来办。未来，在这些国家新增加的"共享汽车"中，将约有三分之一是电动汽车。这确实能收到"一举两得"的功效。据最近刚从法国巴黎回来的朋友讲，自2011年12月初，法国政府已在巴黎等城市推出"电动汽车自助租赁服务"，即类似于"汽车共享"那样的用车服务方式，具体运营业务由博洛雷集团负责。

四、值得中国借鉴

从"汽车共享"创立的本意看，中国在客观上更需要推广普及这种拥有与使用汽车的方式，在某种程度上讲，甚至比西方发达国家更显迫切。但要让更多的人接受这种汽车消费观念，就得先要改变如本书前几章节论及的有关错误认识，让私人轿车回归中性，即其只是一种代步工具而已。此外，从欧美地区推广应用的经验看，"共享汽车"方式要求人们具备比较高的道德素质和自觉性，尤其是一系列的服务流程，需要建立在完善的社会诚信体系上，否则很难运作下去。在这些方面，我国还有很大的差距。再者，从硬件设施上讲，总体上看，我国已经有了较好的技术基础，物联网技术发展很快，但具体到汽车业，其应用仍然比较滞后，目前尚不能（或不能很好地）对单个车辆及车队进行智能化管理。因此，要开展"汽车共享"服务业务，必须把物联网技术与汽车制造及其使用环节更紧密地结合起来，为"共享汽车"的推广创造先决条件。

综上所述，我国现阶段还难以实质性推广普及"汽车共享"模式，只能先做一些舆论宣传和早期的尝试，在有关的软硬件条件比较好、交通拥堵又十分严重的地区（例如上海、北京等特大型城市），选择若干试点，取得经验后再逐步扩展。"汽车共享"最先可选择的用户主要有以下几类：受教育程度较高、对电子信息技术比较熟悉（且具有相应的操作技能）的年轻人，收入不菲或环境保护意识比较强的人，中小微型企业等。此外，把发展新能源汽车与推广"汽车共享"、以"共享汽车"模式管理公车等也是比较可行的方案，值得各级政府研究。据透露，上海正酝酿在"汽车共享"方面成为中国首个"吃螃蟹"者。上海大众汽车租赁公司对德国不来梅市"共享汽车"的经验甚感兴趣，经上海世博会事务协调局的中间介绍，已与后者进行了合作商谈。上海方面认为，由于中国在诸多方面与德国有较大差异，因此不能盲目照搬，需结合中国具体情况进行再创新，从而建立具有中国特点的"汽车共享"模式。经过深入调研，上海大众汽车租赁公司觉得，"租赁拼车式的汽车共享"比较可行。据称，在浦东、闵行等地区，很多上班族的上下班路线都十分接近，差距不远，若"一人一车"，则花费较大，且能源消耗、排放污染等都是很有负面影响的后果，遇到堵车时，还耽误准时上下班，会给人增添许多烦恼。鉴于此，汽车租赁公司可根据上班族的需求而设定"拼客"接送线路，调配轿车、小型（轻型）客车或商务车等，由专职司机开车而提供服务。不来梅方面肯定了中方的思路，认为是对该市"汽车共享"模式的改版升级，更符合中国国情。当然，其他地区也完全可以依据自身实际情况，创造出更符合本地需要的"汽车共享"服务形式。愈是有中国特色，愈有生命力！